rororo sprachen
Herausgegeben von
Ludwig Moos

Unsere häufigsten Fehler im Französischen sind typisch deutsch. Andere Nationen machen anderes falsch. Herkömmliche Lehrbücher aber nehmen keine Rücksicht auf fremdsprachliche Schwierigkeiten, die aus muttersprachlichen Gewohnheiten resultieren. «Pouvez-vous Français?» befaßt sich ausschließlich damit. Das bereits in «Speak you English?» (rororo sprachen 6857) erprobte Übungsprogramm, das auf dem Prinzip von Test, Kontrolle und Wiederholung beruht, wird hier auf die für uns zweitwichtigste Fremdsprache angewendet. Gezielt, doch ohne ödes Pauken werden so die peinlichsten Fehler verlernt, die der Schüler, Tourist oder Geschäftsmann sonst auf nahezu allen Sprachniveaus beibehält.

Jacques Soussan hat fünfzehn Jahre lang als Sprachlehrer und Dolmetscher gearbeitet und ein Sprachinstitut in Hamburg geleitet.

ERREURS TYPIQUES

Jacques Soussan

Pouvez-vous Français?

Programmierte Übung zum Verlernen
typisch deutscher Französischfehler

Rowohlt

115.–117. Tausend Januar 1996

Erstausgabe
Veröffentlicht im Rowohlt Taschenbuch Verlag GmbH,
Reinbek bei Hamburg, April 1976
Copyright © 1976 by Rowohlt Taschenbuch Verlag GmbH,
Reinbek bei Hamburg
Sempé Cartoons © IDEREA, Paris
Umschlaggestaltung Gerd Huss/Peter Wippermann
Gesamtherstellung Clausen & Bosse, Leck
Printed in Germany
990-ISBN 3 499 16940 1

Einführung

«Pouvez-vous Français?» verdankt seine Entstehung der Anregung von Gunther Bischoff, der mit «Speak you English?» das Vorbild eines Übungsprogramms zum Verlernen typisch deutscher Fremdsprachenfehler geliefert hat. Deshalb gilt, was dort gesagt wurde, weitgehend auch für den Aufbau dieses Buches.
Jeder Sprachlehrer weiß, daß die meisten Deutschen immer wieder die gleichen Fehler machen – und das auf den verschiedensten Niveaus der Sprachbeherrschung. Herkömmliche Übungsbücher und Grammatiken sind kaum geeignet, dagegen etwas zu tun. Denn sie verlangen jedem Benutzer die gleichen Lernschritte ab und nehmen keine Rücksicht darauf, ob er Japaner, Italiener oder Deutscher ist. Ein weiterer Nachteil ist, daß der Schüler meist nicht durch Üben der Sprache selbst ihre Eigenarten zu beherrschen lernt, sondern grammatische Abschnitte durchnimmt, deren Regeln er tunlichst auswendig zu lernen hat. Vergißt er sie, was selten ausbleibt, so liegt eine Orientierung an deutschen Sprachgewohnheiten nahe. Das aber ergibt meist kein richtiges, geschweige denn ein gutes Französisch.
Mit diesem Buch können Sie sich die häufigsten und peinlichsten Fehler, die Deutsche im Umgangsfranzösisch machen, abüben. Es setzt die Methode, Französisch durch Französisch zu lernen, zur «Nachbehandlung» ein, der sich alle, die Grundkenntnisse in der französischen Sprache haben, unterziehen können, die aber auch für Fortgeschrittene erfahrungsgemäß angebracht ist.
Die Übungen erfassen im ersten Teil in grammatischer Progression alle typisch deutschen Französischfehler, die auf der unterschiedlichen Sprachstruktur beruhen. Das Verlernen von Wortverwechslungen, falschen Analogien und Fehlern bei schwierigen Verben wird bewußt in einer späteren Phase geübt. Dort findet sich auch eine weitere Gruppe von Fehlern, die von den meisten Deutschen gemacht werden, ohne daß sich erklären läßt, warum.

Der Aufbau des Übungsprogramms beruht auf dem Prinzip von Test und Kontrolle. Beim Durcharbeiten ist zu beachten:

● Auf jeweils einer rechten Seite stehen richtige und fehlerhafte Sätze unterschiedslos nebeneinander (Übungen). Versuchen Sie rasch anzugeben, wo welcher Fehler steckt.

● Nach dem Umblättern können Sie prüfen, ob Sie richtig verbessert oder Fehler übersehen haben (Lösungen). Sie finden alle Übungssätze der vorherigen Seite wiederholt, wobei Fehlerkorrekturen halbfett hervorgehoben sind und Ziffern auf den Anhang verweisen. Er bildet durch einprägsame Beispiele und sinnvolle Progression ein komprimiertes und in sich abgeschlossenes grammatisches Beiheft.

● Jeder fehlerhafte Satz enthält nur einen Fehler. Jeder Fehler taucht auf einer Seite nur einmal auf, wird zunächst in dichter Abfolge wiederholt und dann mit größerem Abstand – zur «Schlußkontrolle» des Übungserfolgs – noch einmal gebracht.

● Jeder Fehler wird so oft wiederholt, daß Sie ihn gründlich verlernen können. Die Wiederholungshäufigkeit stützt sich auf praktische Unterrichtserfahrung.

● Je schneller Sie die Übungen durcharbeiten, desto wirksamer werden Sie Ihre unfranzösischen Sprachmuster löschen.

Meinem Lehrerteam danke ich sehr für die wertvollen Anregungen und Erprobungen im praktischen Unterricht sowie für das Korrekturlesen.
Die für Übungspausen abgebildeten Szenen aus dem französischen Alltag verdanken wir dem gesellschaftlichen Scharfblick des Cartoonisten Sempé. Die Abdruckerlaubnis gab die Agentur IDEREA, Paris.

Übung 1

1. Qui habite dans ce hôtel?

2. Ce sont bien les enfants de concierge; n'est-ce pas?

3. Qui vous a offert ces jolies fleurs?

4. Nous avons une voiture, mais nous n'avons pas un garage.

5. Pierre, tu dois absolument aller au coiffeur, cet après-midi.

6. C'est moi qui est arrivé le premier, puisque vous me l'avez demandé.

7. Pourquoi n'avez-vous pas accepté d'aller avec lui au cinéma?

8. Je viens de téléphoner à l'électricien pour lui demander de venir avant dix heures.

9. Demandez à M. Bertin s'il a envie de prendre un verre du vin avec nous!

10. J'ai lui dit que la secrétaire était malade et que nous lui ferions parvenir le bon de commande dans une semaine.

11. Moi, j'aurais jamais eu le courage de prendre l'avion par le temps qu'il fait.

12. Chez nous, dans la famille, personne ne fume.

13. Si j'habitais tout près le théâtre, comme vous, je n'aurais certainement pas pris le métro.

14. J'ai vu que vous avez reçu plus d'une centaine de cartons de vins, pourriez-vous me vendre deux ou trois?

15. Je crois que nos voisins sont déjà partis. En tout cas ils ne répondent pas et j'ai un gros paquet pour les.

Lösung 1

1. Qui habite dans **cet** hôtel? **1**

2. Ce sont bien les enfants **du** concierge, n'est-ce pas? **2**

3. Qui vous a offert ces jolies fleurs?

4. Nous avons une voiture, mais nous n'avons pas **de** garage. **3**

5. Pierre, tu dois absolument aller **chez** le coiffeur, cet après-midi. **4**

6. C'est moi, qui **suis** arrivé le premier, puisque vous me l'avez demandé. **5**

7. Pourquoi n'avez-vous pas accepté d'aller avec lui au cinéma?

8. Je viens de téléphoner à l'électricien pour lui demander de venir avant dix heures.

9. Demandez à M. Bertin s'il a envie de prendre une verre **de** vin avec nous! **6**

10. Je **lui** ai dit que la secrétaire était malade et que nous lui ferions parvenir le bon de commande dans une semaine. **7**

11. Moi, je **n'**aurais jamais eu le courage de prendre l'avion par le temps qu'il fait. **8**

12. Chez nous, dans la famille, personne ne fume.

13. Si j'habitais tout près **du** théâtre, comme vous, je n'aurais certainement pas pris le métro. **9**

14. J'ai vu que vous avez reçu plus d'une centaine de cartons de vins, pourriez-vous m'**en** vendre deux ou trois? **10**

15. Je crois que nos voisins sont partis. En tout cas ils ne répondent pas et j'ai un gros paquet pour **eux**. **11**

Übung 2

1. Je vous garantis que ces raisins sont aussi bons que les de la semaine dernière.

2. Je ne veux pas que vous racontiez de telles bêtises à tout le monde.

3. Un simple coup de fil et je vous enverrai tout ce que vous avez besoin.

4. Vu le nombre des invités, il serait plus juste d'offrir à manger dans des assiettes en papier. C'est plus bon marché.

5. Je viendrai vous voir vers le cinquième avril; quelques jours avant mon départ pour l'Afrique.

6. Tous les matins, à la même heure, M. Dupont passait devant ma fenêtre, accompagné de ses deux chiens.

7. Si vous voulez faire du café, il faut que vous en preniez une tasse avec moi, sinon je n'en prendrai pas aussi.

8. Je ne crois pas qu'il soit dans son bureau. – Mais si, je l'ai vu il y a une minute, il était en train de téléphoner.

9. Je lui ai recommandé le confit de canard, mais il a préféré choisir les rognons de veau.

10. Contrairement aux Anglais, les Français prennent le thé sans du lait. Et vous? Le préférez-vous avec ou sans lait?

11. Comme le bureau ferme en juillet et non en août, comme prévu, nous avons décidé de prendre nos vacances plus tôt comme d'habitude.

12. S'il a bien voulu vous offrir son place, c'est que vous devez lui avoir plu du premier coup.

13. Il se comporte envers ses employés d'une façon insupportable. Si j'étais à leur place je lui dirais qu'est-ce que je pense de lui.

14. Laissez-moi juste quelques minutes pour réfléchir! Je préfère d'ailleurs être mieux informé avant de me prononcer.

15. Elle vit à Abidjan depuis plus que dix ans et n'a pas du tout l'intention de rentrer en France.

Lösung 2

1. Je vous garantis que ces raisins sont aussi bons que **ceux** de la semaine dernière. **12**

2. Je ne veux pas que vous racontiez de telles bêtises à tout le monde.

3. Un simple coup de fil et je vous enverrai tout **ce dont** vous avez besoin. **13**

4. Vu le nombre des invités, il serait plus juste d'offrir à manger dans des assiettes en papier. C'est **meilleur** marché. **14**

5. Je viendrai vous voir vers le **cinq** avril; quelques jours avant mon départ pour l'Afrique. **15**

6. Tous les matins, à la même heure, M. Dupont passait devant ma fenêtre, accompagné de ses deux chiens.

7. Si vous voulez faire du café, il faut que vous en preniez une tasse avec moi, sinon je n'en prendrai pas **non plus**. **16**

8. Je ne crois pas qu'il soit dans son bureau. – Mais si, je **l'y** ai vu il y a une minute; il était en train de téléphoner. **17**

9. Je lui ai recommandé le confit de canard, mais il a préféré choisir les rognons de veau.

10. Contrairement aux Anglais, les Français prennent le thé **sans** lait. Et vous? Le préférez-vous avec ou sans lait? **18**

11. Comme le bureau ferme en juillet et non en août, comme prévu, nous avons décidé de prendre nos vacances plus tôt **que** d'habitude. **19**

12. S'il a bien voulu vous offrir **sa** place, c'est que vous devez lui avoir plu du premier coup. **20**

13. Il se comporte envers ses employés d'une façon insupportable. Si j'étais à leur place je lui dirais **ce que** je pense de lui. **21**

14. Laissez-moi juste quelques minutes pour réfléchir! Je préfère d'ailleurs être mieux informé avant de me prononcer.

15. Elle vit à Abidjan depuis plus **de** dix ans et n'a pas du tout l'intention de rentrer en France. **22**

Übung 3

1. Vous m'aviez pourtant assuré de pas dire à M. Martin que j'étais arrivé en retard ce matin.

2. Je ne pouvais pas parler avec lui de cela, en présence de sa femme, de peur qu'elle nous fasse une scène.

3. Si seulement je savais combien de fautes j'ai fait, je serais plus tranquille.

4. C'était merveilleux à voir. Tout le village était couvert de neige sous un ciel flamboyant de nuits d'automne.

5. Il m'a demandé, si je suis anglaise ou allemande et parut soulagé d'apprendre que je venais de Bordeaux.

6. Ne lave-toi pas avec cette eau, si tu ne veux pas tomber malade.

7. Voyez-vous ces messieurs? Ils sont tout venus sans que nous les ayons invités.

8. Il m'importe peu que vous arriviez très tard, l'important pour moi est que vous soyez des nôtres pour fêter ce petit événement familial.

9. Je voulais lui dire que la vérité, mais voyant qu'il ne me croyait pas, j'ai fini par mentir.

10. Je m'ai dépêché pour ne pas manquer le dernier train.

11. Tu sais bien que s'ils ont divorcé, c'est parce que lui, il ne voulait pas avoir des enfants.

12. Je ne comprends pas qu'ils vous parlent en espagnol. Leurs avez-vous jamais dit que vous veniez du Pérou?

13. Je vous souhaite vivement de ne pas subir le même sort que votre prédécesseur.

14. Je vais ouvrir un petit bistrot tout près l'hôtel de ville, j'espère que vous aurez le temps de venir à l'ouverture.

15. Nous nous sommes proposé de nous entraider; ils travailleront pour moi et je penserai à les.

Lösung 3

1. Vous m'aviez pourtant assuré de **ne pas** dire à M. Martin que j'étais arrivé en retard ce matin. **23**

2. Je ne pouvais pas **lui en** parler en présence de sa femme, de peur qu'elle nous fasse une scène. **24**

3. Si seulement je savais combien de fautes j'ai **faites,** je serais plus tranquille. **25**

4. C'était merveilleux à voir. Tout le village était couvert de neige sous un ciel flamboyant de nuits d'automne.

5. Il m'a demandé, si **j'étais** anglaise ou allemande et parut soulagé d'apprendre que je venais de Bordeaux. **26**

6. Ne **te** lave pas avec cette eau, si tu ne veux pas tomber malade. **27**

7. Voyez-vous ces messieurs? Ils sont **tous** venus sans que nous les ayons invités. **28**

8. Il m'importe peu que vous arriviez très tard, l'important pour moi est que vous soyez des nôtres pour fêter ce petit événement familial.

9. Je **ne** voulais lui dire **que** la vérité, mais voyant qu'il ne me croyait pas, j'ai fini par mentir. **29**

10. Je me **suis** dépêché pour ne pas manquer le dernier train. **30**

11. Tu sais bien que s'ils ont divorcé c'est parce que lui, il ne voulait pas avoir **d'**enfants. **3**

12. Je ne comprends pas qu'ils vous parlent en espagnol. **Leur** avez-vous jamais dit que vous veniez du Pérou? **7**

13. Je vous souhaite vivement de ne pas subir le même sort que votre prédécesseur.

14. Je vais ouvrir un petit bistrot tout près **de** l'hôtel de ville, j'espère que vous aurez le temps de venir à l'ouverture. **9**

15. Nous nous sommes proposé de nous entraider; ils travailleront pour moi et je penserai à **eux**. **11**

Übung 4

1. Quant à moi, j'aime autant vous dire que j'ai plus envie de revoir ces gens. Ils m'agacent avec leurs histoires à dormir debout.

2. Il a déjà commis plusieurs de crimes ignobles pour qu'on puisse tenir compte des circonstances atténuantes.

3. Pierre n'a pas fermé l'œil de la nuit, je dois l'emmener au dentiste.

4. C'est la porte de sortie ou celle d'ascenseur que vous cherchez?

5. Il n'y a pas de formule idéale. Toute solution a ses bons et ses mauvais côtés.

6. Quoi avez-vous besoin? Notre spécialiste est à votre disposition pour répondre à tous vos désirs.

7. Mais allez-y! Ne vous gênez pas! Il y en a pour tout le monde. J'ai acheté trois kilos.

8. C'est un pauvre vieux homme qui ne fait que vagabonder à la recherche d'un monde puritain.

9. Aujourd'hui, c'est le quatrième mai et j'ai complètement oublié de lui acheter des fleurs pour son anniversaire.

10. Dites-vous bien que si vous n'avez pas encore réussi à le persuader, c'est qu'il ne cédera jamais.

11. Puis-je vous recommander ce vin? C'est le plus bon que nous ayons eu depuis deux ans.

12. Il avait l'air tellement sûr de lui que personne n'a eu le courage de le contredire, moi aussi du reste je n'ai pas osé.

13. Vous allez souvent au théâtre? Oui, je vais très souvent. La télévision n'a pas encore tué cette envie chez moi.

14. Connaissant votre générosité, j'ose vous demander de m'accorder encore quelques minutes pour en venir à bout.

15. Quelle chambre préférez-vous, Monsieur? La du deuxième, elle est un peu plus chère, ou la du quatrième, sans salle de bain?

Lösung 4

1. Quant à moi, j'aime autant vous dire que je **n'**ai plus envie de revoir ces gens. Ils m'agacent avec leurs histoires à dormir debout. **8**

2. Il a déjà commis **trop de** crimes ignobles pour qu'on puisse tenir compte des circonstances atténuantes. **6**

3. Pierre n'a pas fermé l'œil de la nuit, je dois l'emmener **chez** le dentiste. **4**

4. C'est la porte de sortie ou celle **de** l'ascenseur que vous cherchez? **2**

5. Il n'y a pas de formule idéale. Toute solution a ses bons et ses mauvais côtés.

6. **De** quoi avez-vous besoin? Notre spécialiste est à votre disposition pour répondre à tous vos désirs. **13**

7. Mais allez-y! Ne vous gênez pas! Il y en a pour tout le monde. J'**en** ai acheté trois kilos. **10**

8. C'est un pauvre **vieil** homme qui ne fait que vagabonder à la recherche d'un monde puritain. **1**

9. Aujourd'hui, c'est le **quatre** mai et j'ai complètement oublié de lui acheter des fleurs pour son anniversaire. **15**

10. Dites-vous bien que si vous n'avez pas encore réussi à le persuader, c'est qu'il ne cédera jamais.

11. Puis-je vous recommander ce vin? C'est le **meilleur** que nous ayons eu depuis deux ans. **14**

12. Il avait l'air tellement sûr de lui que personne n'a eu le courage de le contredire, moi **non plus** du reste je n'ai pas osé. **16**

13. Vous allez souvent au théâtre? Oui, **j'y** vais très souvent. La télévision n'a pas encore tué cette envie chez moi. **17**

14. Connaissant votre générosité, j'ose vous demander de m'accorder encore quelques minutes pour en venir à bout.

15. Quelle chambre préférez-vous, Monsieur? **Celle** du deuxième, elle est un peu plus chère, ou **celle** du quatrième, sans salle de bain? **12**

Übung 5

1. Je crois savoir que ma tante prend son thé sans du sucre et avec beaucoup de crème.

2. Dites à Melle Durand que ces trois lettres doivent partir avec la prochaine levée, et demandez-lui si elle a terminé les deux autres.

3. Nous avons attendu que vous nous fassiez des propositions plus concrètes, mais je présume que ce n'est pas vous qui décide.

4. Il n'est pire sourd que celui qui ne veut pas entendre les vérités qui lui déplaisent.

5. Plus que la moitié des livres que j'ai commandés pour la bibliothèque sont épuisés. Il va falloir que j'en choisisse d'autres.

6. Les professeurs m'avaient dit que je parlais aussi bien anglais comme mon frère, mais que son accent était tout de même meilleur que le mien.

7. Il y a là quelqu'un qui vous demande. Voulez-vous que je le fasse entrer?

8. Il faut apprendre aux jeunes que dans le bus on doit céder son place aux personnes âgées.

9. Lève-toi, Pierre! Il est temps de te lever pour aller à l'école. Et puis non, ne toi lève pas! C'est dimanche aujourd'hui.

10. Qu'est-ce que vous faites ce soir? Il faut absolument que je sache qu'est-ce que vous faites.

11. Le témoin se leva et, d'un ton solennel, jura de dire la vérité, toute la vérité et rien comme la vérité.

12. Mon fils s'a habillé tout seul aujourd'hui! Regardez-le comme il est drôle avec sa chaussette rouge et sa chaussette bleue.

13. A quoi bon nous disputer? Vous avez raison et j'ai ma tranquilité.

14. Tâchez de vous maîtriser, cher ami! Si vous voulez perdre du poids, commencez par ne fumer plus.

15. Je savais qu'il devait de l'argent à tout le monde, mais j'ignorais qu'il vous en devait aussi. Combien avez-vous lui prêté?

Lösung 5

1. Je crois savoir que ma tante prend son thé **sans** sucre et avec beaucoup de crème. **18**

2. Dites à Melle Durand que ces trois lettres doivent partir avec la prochaine levée, et demandez-lui si elle a terminé les deux autres.

3. Nous avons attendu que vous nous fassiez des propositions plus concrètes, mais je présume que ce n'est pas vous qui **décidez**. **5**

4. Il n'est pire sourd que celui qui ne veut pas entendre les vérités qui lui déplaisent.

5. Plus **de** la moitié des livres que j'ai commandés pour la bibliothèque sont épuisés. Il va falloir que j'en choisisse d'autres. **22**

6. Les professeurs m'avaient dit que je parlais aussi bien anglais **que** mon frère, mais que son accent était tout de même meilleur que le mien. **19**

7. Il y a là quelqu'un qui vous demande. Voulez-vous que je le fasse entrer?

8. Il faut apprendre aux jeunes que dans le bus on doit céder **sa** place aux personnes âgées. **20**

9. Lève-toi, Pierre! Il est temps de te lever pour aller à l'école. Et puis non, **ne te** lève pas! C'est dimanche aujourd'hui. **27**

10. Qu'est-ce que vous faites ce soir? Il faut absolument que je sache **ce que** vous faites. **21**

11. Le témoin se leva et, d'un ton solennel, jura de dire la vérité, toute la vérité et rien **que** la vérité. **29**

12. Mon fils **s'est** habillé tout seul aujourd'hui! Regardez-le comme il est drôle avec sa chaussette rouge et sa chaussette bleue. **30**

13. A quoi bon nous disputer? Vous avez raison et j'ai ma tranquilité.

14. Tâchez de vous maîtriser, cher ami! Si vous voulez perdre du poids, commencez par **ne plus** fumer. **23**

15. Je savais qu'il devait de l'argent à tout le monde, mais j'ignorais qu'il vous en devait aussi. Combien **lui en** avez-vous prêté? **24**

Übung 6

1. S'il vous a promis de vous livrer cette machine dans deux jours, vous pouvez le croire, il le fera. C'est un monsieur sur qui on peut compter.

2. J'ai beau essayé de lui expliquer qu'il est malsain de travailler autant d'heures par jour, mais il fait la sourde oreille et m'ignore complètement.

3. Nous avons invité une trentaine d'amis et ils sont tout venus.

4. Nous venons d'acheter une deuxième voiture, mais nous n'avons pas un garage.

5. Je suis certain que l'échec qu'il vient de subir et l'expérience qu'il en tire lui serviront de leçon.

6. Je vous préviens. Habitez où vous voulez, mais pas dans ce hôtel. Il est trop cher et ne mérite pas ses trois étoiles.

7. Moi le café, je le préfère sans du sucre mais avec de la crème.

8. Pardon, Monsieur, pouvez-vous me dire où se trouve la porte d'ascenseur?

9. Je crains que votre chauffeur n'arrive en retard. Aussi, me suis-je permis de demander à votre secrétaire de m'appeler un taxi.

10. Je viens de me faire faire un complet sur mesure et il faut que j'aille au tailleur pour le dernier essai.

11. Je leurs ai demandé s'ils voulaient venir avec nous, mais ils n'avaient pas l'air de s'y intéresser.

12. Venez-donc prendre un verre après la représentation, j'habite tout près de théâtre.

13. Depuis quelques jours, j'ai décidé de perdre du poids et ne mets plus que deux sucres dans mon café. Avant je mettais trois.

14. Il se peut que je me sois mal exprimé. Mais alors comment se fait-il que vous soyez le seul à ne pas avoir compris?

15. Depuis quelque temps il a trop travail et est trop fatigué pour pouvoir sortir et s'amuser autant qu'avant.

Lösung 6

1. S'il vous a promis de vous livrer cette machine dans deux jours, vous pouvez le croire, il le fera. C'est un monsieur sur qui on peut compter.

2. J'ai beau essayé de lui expliquer qu'il est malsain de travailler autant d'heures par jour, mais il fait la sourde oreille et m'ignore complètement.

3. Nous avons invité une trentaine d'amis et ils sont **tous** venus. **28**

4. Nous venons d'acheter une deuxième voiture, mais nous n'avons pas **de** garage. **3**

5. Je suis certain que l'échec qu'il vient de subir et l'expérience qu'il en tire lui serviront de leçon.

6. Je vous préviens. Habitez où vous voulez, mais pas dans **cet** hôtel. Il est trop cher et ne mérite pas ses trois étoiles. **1**

7. Moi le café, je le préfére **sans** sucre, mais avec de la crème. **18**

8. Pardon, Monsieur, pouvez-vous me dire où se trouve la porte **de** l'ascenseur? **2**

9. Je crains que votre chauffeur n'arrive en retard. Aussi, me suis-je permis de demander à votre secrétaire de m'appeler un taxi.

10. Je viens de me faire un complet sur mesure et il faut que j'aille **chez** le tailleur pour le dernier essai. **4**

11. Je **leur** ai demandé s'ils voulaient venir avec nous, mais ils n'ont pas l'air de s'y intéresser. **7**

12. Venez-donc prendre un verre après la représentation, j'habite tout près **du** théâtre. **9**

13. Depuis quelques jours, j'ai décidé de perdre du poids et ne mets plus que deux sucres dans mon café. Avant **j'en** mettais trois. **10**

14. Il se peut que je me sois mal exprimé. Mais alors comment se fait-il que vous soyez le seul à ne pas avoir compris?

15. Depuis quelque temps il a trop **de** travail et est trop fatigué pour pouvoir sortir et s'amuser autant qu'avant. **6**

Übung 7

1. Il ne me reste plus, cher Monsieur, qu'à vous souhaiter bonne chance, puisque c'est votre dernier mot et qu'il y a rien à faire.

2. Alors, Pierre, décide-toi! Veux-tu aller au théâtre avec leur ou au cinéma avec nous?

3. Vous savez que j'ai beaucoup à faire, et si nous devions nous rencontrer, comme prévu, je voudrais savoir ce que nous ferions.

4. Le quatorzième juillet est une fête nationale pour les Français. Il faut voir à Paris les bals de quartier, c'est très pittoresque.

5. Moi aussi, je ne crois pas qu'il soit malade, puisqu'il nous a avertis qu'il serait en retard.

6. Tous qui veulent venir avec moi devront s'inscrire sur une liste, afin que je puisse retenir un nombre suffisant de chambres.

7. Je vais vous faire goûter différents vins et vous allez me dire lequel est le mieux.

8. Au moment où j'ai voulu le présenter, son nom m'a échappé et je crois qu'il ne me le pardonnera jamais.

9. Vous savez que vous pouvez compter sur moi en toute occasion. Au moindre signe, je vous enverrai tout ce que vous avez besoin.

10. Il vient de partir pour un pays inconnu. Qui sait s'il y reviendra jamais.

11. Je suis curieux de savoir qu'est-ce que vous ferez demain à la même heure. En Ecosse, vous savez, tout ferme à dix heures.

12. Reste à savoir si, malgré toutes mes dettes, j'arriverais à lui emprunter deux ou trois mille francs.

13. Il dit que les Anglais préfèrent le thé avec du sucre mais sans de la crème.

14. Le médecin, d'un air grave lui dit: «Si vous continuez à travailler plus que dix heures par jour, votre état s'aggravera.»

15. Est-il vrai que votre secrétaire gagne aussi peu comme vous?

Lösung 7

1. Il ne me reste plus, cher Monsieur, qu'à vous souhaiter bonne chance, puisque c'est votre dernier mot et qu'il **n'**y a rien à faire. **8**

2. Alors, Pierre, décide-toi! Veux-tu aller au théâtre avec **eux** ou au cinéma avec nous? **11**

3. Vous savez que j'ai beaucoup à faire, et si nous devions nous rencontrer, comme prévu, je voudrais savoir ce que nous ferions.

4. Le **quatorze** juillet est une fête nationale pour les Français. Il faut voir à Paris les bals de quartier, c'est très pittoresque. **15**

5. Moi **non plus**, je ne crois pas qu'il soit malade, puisqu'il nous a avertis qu'il serait en retard. **16**

6. **Tous ceux** qui veulent venir avec moi devront s'inscrire sur une liste, afin que je puisse retenir un nombre suffisant de chambres. **12**

7. Je vais vous faire goûter différents vins et vous allez me dire lequel est le **meilleur.** **14**

8. Au moment où j'ai voulu le présenter, son nom m'a échappé et je crois qu'il ne me le pardonnera jamais.

9. Vous savez que vous pouvez compter sur moi en toute occasion. Au moindre signe, je vous enverrai tout ce **dont** vous avez besoin. **13**

10. Il vient de partir pour un pays inconnu. Qui sait s'il **en** reviendra jamais. **17**

11. Je suis curieux de savoir **ce que** vous ferez demain à la même heure. En Ecosse, vous savez, tout ferme à dix heures. **21**

12. Reste à savoir si, malgré toutes mes dettes, j'arriverais à lui emprunter deux ou trois mille francs.

13. Il dit que les Anglais préfèrent le thé avec du sucre mais **sans** crème. **18**

14. Le médecin d'un air grave lui dit: «Si vous continuez à travailler plus **de** dix heures par jour, votre état s'aggravera.» **22**

15. Est-il vrai que votre secrétaire gagne aussi peu **que** vous? **19**

Übung 8

1. Si vous voulez, je pourrais demander à ma femme de vous prêter sa dictionnaire.
2. Il est indispensable que vous parliez avec lui de cela, avant qu'il ne prenne une décision trop hâtive.
3. Vous me téléphonez pour cela? A cette heure-ci? Je vous prie, pour la dernière fois, de ne me déranger plus après dix heures du soir.
4. Il n'est pas facile de renoncer à un projet qui vous tient à cœur, mais parfois, cela vaut mieux que d'obtenir de très mauvais résultats.
5. La vie est trop courte pour que nous en perdions une partie à des occupations ennuyeuses et morbides. Qu'en pensez-vous?
6. Les fables qu'on a appris à l'âge de dix ans ne s'oublient jamais. A moins que la morale ne nous ait semblé ridicule.
7. Brosse-toi les cheveux avec ma brosse, si tu veux, mais ne toi rase pas avec mon rasoir.
8. J'ai invité tous mes amis et collègues à mon anniversaire et ils sont tout venus.
9. Je ne le crois pas capable d'un crime aussi abominable, et je suis convaincu que c'est son associé qui essaie de se venger.
10. Savez-vous ce qu'il m'a répondu au téléphone? Eh bien, figurez-vous qu'il n'a pas voulu croire que je suis malade.
11. Tout est en ordre, vous avez besoin seulement de signer au bas de cette feuille et l'affaire sera classée.
12. Elle a se lavée, s'est habillée et est partie sans prendre le petit déjeuner.
13. Je veux que vous saviez tout sur moi, avant de me confier une tâche aussi importante.
14. Tous les hommes se jugent dignes des plus hauts emplois, mais la nature ne les en a pas rendus capables.
15. Si l'on m'aurait précisé à qui m'adresser, j'aurais évité tous ces problèmes.

Lösung 8

1. Si vous voulez, je pourrais demander à ma femme de vous prêter **son** dictionnaire. **20**

2. Il est indispensable que vous **lui en** parliez, avant qu'il ne prenne une décision trop hâtive. **24**

3. Vous me téléphonez pour cela? A cette heure-ci? Je vous prie, pour la dernière fois, de **ne plus** me déranger après dix heures du soir. **23**

4. Il n'est pas facile de renoncer à un projet qui vous tient à cœur, mais parfois, cela vaut mieux que d'obtenir de très mauvais résultats.

5. La vie est trop courte pour que nous en perdions une partie à des occupations ennuyeuses et morbides. Qu'en pensez-vous?

6. Les fables qu'on a **apprises** à l'âge de dix ans ne s'oublient jamais. A moins que la morale ne nous ait semblé ridicule. **25**

7. Brosse-toi les cheveux avec ma brosse, si tu veux, mais ne **te** rase pas avec mon rasoir. **27**

8. J'ai invité tous mes amis et collègues à mon anniversaire et ils sont **tous** venus. **28**

9. Je ne le crois pas capable d'un crime aussi abominable, et je suis convaincu que c'est son associé qui essaie de se venger.

10. Savez-vous ce qu'il m'a répondu au téléphone? Eh bien, figurez-vous qu'il n'a pas voulu croire que **j'étais** malade. **26**

11. Tout est en ordre, vous **n'**avez **qu'**à signer au bas de cette feuille et l'affaire sera classée. **29**

12. Elle **s'est** lavée, s'est habillée et est partie sans prendre le petit déjeuner. **30**

13. Je veux que vous **sachiez** tout sur moi, avant de me confier une tâche aussi importante. **31**

14. Tous les hommes se jugent dignes des plus hauts emplois, mais la nature ne les en a pas rendus capables.

15. Si l'on m'**avait** précisé à qui m'adresser, j'aurais évité tous ces problèmes. **32**

Übung 9

1. Vous n'allez tout de même pas vous amuser à nous montrer tous les films que vous avez tournés sur votre bébé?

2. Il ne me reste plus qu'à vous souhaiter de passer une agréable soirée et un bon séjour à Paris.

3. Ni la tempête, ni le froid ont empêché l'équipe d'alpinistes de poursuivre leur expédition et d'atteindre avec gloire le sommet de l'Himalaja.

4. Il tient à savoir si c'est votre appartement qui est à louer ou si c'est le notre.

5. Le travail était tellement soigné que nous eûmes beaucoup de mal à croire qu'il l'avait fait de ses mains propres.

6. Quand on aime dire son opinion franchement, on est soi-même rarement à l'abri de la critique. Mais cela vaut mieux que de se taire.

7. Pourquoi vous ne vous êtes pas tu? Vous avez bien vu qu'il avait envie de dire quelque chose.

8. Je ne sais pas que je dois faire. Un voyage en avion c'est très rapide, mais c'est aussi très cher. Un voyage en bateau c'est long, mais ça a certains charmes.

9. Vous pourrez partir aussitôt que vous avez terminé cette lettre, à condition que vous passiez par la poste pour l'envoyer en recommandé.

10. Je lui ai demandé s'il sera prêt à nous accorder une remise plus importante, en cas de commande immédiate, mais il n'a pas réagi.

11. Il a passé tout son dimanche à réparer sa chaîne de haute-fidélité et finalement il a décidé de s'acheter un transistor tout simple.

12. Etant donné le mauvais temps, il est possible qu'il vient un peu plus tard, mais peu probable qu'il chante.

13. Quoiqu'elles ne se connussent guère, elles se sont promises de s'écrire régulièrement et de se rendre visite autant que possible.

14. La plupart des invités est partie avant minuit. C'est sûrement le vin qui les a fatigués.

Lösung 9

1. Vous n'allez tout de même pas vous amuser à nous montrer tous les films que vous avez tournés sur votre bébé?

2. Il ne me reste plus qu'à vous souhaiter de passer une agréable soirée et un bon séjour à Paris.

3. Ni la tempête, ni le froid **n'**ont empêché l'équipe d'alpinistes de poursuivre leur expédition et d'atteindre avec gloire le sommet de l'Himalaja.   33

4. Il tient à savoir si c'est votre appartement qui est à louer ou si c'est le **nôtre**.   34

5. Le travail était tellement soigné que nous eûmes beaucoup de mal à croire qu'il l'avait fait de ses **propres** mains.   35

6. Quand on aime dire son opinion franchement, on est soi-même rarement à l'abri de la critique. Mais cela vaut mieux que de se taire.

7. Pourquoi **ne** vous êtes-vous pas tu? Vous avez bien vu qu'il avait envie de dire quelque chose.   36

8. Je ne sais pas **quoi faire.** Un voyage en avion c'est très rapide, mais c'est aussi très cher. Un voyage en bateau c'est long, mais ça a certains charmes.   37

9. Vous pourrez partir aussitôt que vous **aurez** terminé cette lettre, à condition que vous passiez par la poste pour l'envoyer en recommandé   38

10. Je lui ai démandé s'il **serait** prêt à nous accorder une remise plus importante, en cas de commande immédiate, mais il n'a pas réagi.   39

11. Il a passé tout son dimanche à réparer sa chaîne de haute-fidélité et finalement il a décidé de s'acheter un transistor tout simple.

12. Etant donné le mauvais temps, il est possible qu'il **vienne** un peu plus tard, mais peu probable qu'il chante.   41

13. Quoiqu'elles ne se connussent guère, elles se sont **promis** de s'écrire régulièrement et de se rendre visite autant que possible.   42

14. La plupart des invités **sont** partis avant minuit. C'est sûrement le vin qui les a fatigués.   43

Übung 10

1. Il arrivèrent dix personnes, toutes essoufflées, qui étaient en quête d'un nouvel abri.

2. Avant de faire faillite, il avait vendu tout ce qu'il possédait, y comprise sa propre voiture.

3. Chez nous, dans la famille, tout le monde boit, mais ni mon père, ni mon frère, ni moi buvons plus d'un litre de vin par jour.

4. A l'occasion du nouvel an, permettez-moi de vous adresser mes meilleurs vœux et mes félicitations pour votre nouvelle fonction.

5. Je viens de voir un fantastique film qui passe au Rialto depuis plus de quatre semaines.

6. Je désire que vous faisiez ce travail vous-même et que vous laissiez ma secrétaire tranquille.

7. Il a abandonné sa voiture et s'est mis à courir comme s'il aurait le diable à ses trousses.

8. Je serais prêt à vous céder ma voiture pour six mille francs à condition que vous me cédiez la vôtre pour deux mille.

9. Je suis désolé d'avoir tardé à vous dire ce que j'en pense, mais vous comprendrez aisément que je ne pouvais faire autrement.

10. Ces pauvres réfugiés ne savent pas encore où émigrer, au Canada ou en Australie.

11. Faites-moi plaisir et revenez dans dix minutes. Jusque-là je ferai certainement en sorte que le dossier me soit transmis.

12. Elle m'a d'ailleurs gentiment demandé si je suis disposé à l'accompagner au prochain congrès qui aura lieu dans deux jours.

13. Victor Hugo aimait à rêver tous les soirs. Il contempla le ciel au soleil couchant comme à l'aube au soleil levant.

14. Il lui montra le manteau de fourrure et l'engagea à estimer le prix de l'article en dépit de sa valeur évidente.

15. Pourquoi vous ne m'avez pas dit que votre sœur était malade? Je lui aurais au moins offert des fleurs.

Lösung 10

1. Il **arriva** dix personnes, toutes essoufflées, qui étaient en quête d'un nouvel abri. **44**

2. Avant de faire faillite, il avait vendu tout ce qu'il possédait, **y compris** sa propre voiture. **45**

3. Chez nous, dans la famille, tout le monde boit, mais ni mon père, ni mon frère, ni moi **ne** buvons plus d'un litre de vin par jour. **33**

4. A l'occasion du nouvel an, permettez-moi de vous adresser mes meilleurs vœux et mes félicitations pour votre nouvelle fonction.

5. Je viens de voir un film **fantastique** qui passe au Rialto depuis plus de quatre semaines. **35**

6. Je désire que vous **fassiez** ce travail vous-même et que vous laissiez ma secrétaire tranquille. **31**

7. Il a abandonné sa voiture et s'est mis à courir comme s'il **avait** le diable à ses trousses. **32**

8. Je serais prêt à vous céder ma voiture pour six mille francs à condition que vous me cédiez la **vôtre** pour deux mille. **34**

9. Je suis désolé d'avoir tardé à vous dire ce que j'en pense, mais vous comprendrez aisément que je ne pouvais faire autrement.

10. Ces pauvres réfugiés ne savent pas encore où émigrer, au Canada ou en Australie.

11. Faites-moi plaisir et revenez dans dix minutes. Jusque-là **j'aurai** certainement **fait** en sorte que le dossier me soit transmis. **38**

12. Elle m'a d'ailleurs gentiment demandé si **j'étais** disposé à l'accompagner au prochain congrès qui aura lieu dans deux jours. **26**

13. Victor Hugo aimait à rêver tous les soirs. Il **contemplait** le ciel au soleil couchant comme à l'aube au soleil levant. **40**

14. Il lui montra le manteau de fourrure et l'engagea à estimer le prix de l'article en dépit de sa valeur évidente.

15. Pourquoi **ne** m'avez-vous pas dit que votre sœur était malade? Je lui aurais au moins offert des fleurs. **36**

Übung 11

1. Il prétend qu'il n'a pas encore reçu la facture que nous lui avons envoyée il y a une semaine. Voulez-vous lui en rappeler le montant?

2. M. Leroy vient d'annuler sa visite. Et dire que j'ai fait des pieds et des mains pour lui trouver une chambre d'hôtel.

3. Connaissez-vous quelqu'un qui peut m'aider à faire cette traduction? Elle est tellement difficile que je n'y arriverai jamais seul.

4. Nous n'avons pas de chance ce soir. Avec cette neige, je suis certain que la plupart des invités arrivera en retard.

5. Cessez enfin de nous déranger! Vous voyez bien que nous ne sommes pas là pour nous amuser.

6. Nous nous avons écrit pendant toute une année, avant de nous rencontrer pour la première fois.

7. Veuillez trouver ci-jointes, les factures proforma que vous m'avez demandé de vous procurer.

8. Ils arrivèrent quatre jeunes filles, plus belles l'une que l'autre, qui demandèrent votre adresse.

9. C'est vous qui avez commandé du vin rouge avec l'eau minérale?

10. Il faut que j'aille au dentiste, et j'ai en ce moment un travail urgent à terminer.

11. Je pensais qu'elle me recevrait dans la salle, mais elle m'a presque poussé dans le petit salon, dont les persiennes étaient closes.

12. En France, le sixième décembre, la Saint Nicolas, n'est fêtée que dans certaines régions; principalement dans l'Est.

13. Le jour où vous aurez besoin quelque chose, adressez-vous à lui, il est toujours prêt à rendre service et pour vous, il le fera avec plaisir.

14. Tous qui croient, comme moi, qu'il est temps de manifester nos désirs, sont priés de se lever.

15. Je ne puis malheureusement répondre à votre aimable invitation, j'ai trop travail et le soir je suis très fatigué.

Lösung 11

1. Il prétend **n'avoir pas** encore reçu la facture que nous lui avons envoyée il y a une semaine. Voulez-vous lui en rappeler le montant? **37**

2. M. Leroy vient d'annuler sa visite. Et dire que j'ai fait des pieds et des mains pour lui trouver une chambre d'hôtel.

3. Connaissez-vous quelqu'un qui **puisse** m'aider à faire cette traduction? Elle est tellement difficile que je n'y arriverai jamais seul. **41**

4. Nous n'avons pas de chance ce soir. Avec cette neige, je suis certain que la plupart des invités **arriveront** en retard. **43**

5. Cessez enfin de nous déranger! Vous voyez bien que nous ne sommes pas là pour nous amuser.

6. Nous nous **sommes** écrit pendant toute une année avant de nous rencontrer pour la première fois. **30**

7. Veuillez trouver **ci-joint** les factures proforma que vous m'avez demandé de vous procurer. **45**

8. **Il arriva** quatre jeunes filles, plus belles l'une que l'autre, qui demandèrent votre adresse. **44**

9. C'est vous qui avez commandé du vin rouge avec **de** l'eau minérale? **2**

10. Il faut que j'aille **chez** le dentiste, et j'ai en ce moment un travail urgent à terminer. **4**

11. Je pensais qu'elle me recevrait dans la salle, mais elle m'a presque poussé dans le petit salon, dont les persiennes étaient closes.

12. En France, le **six** décembre, la Saint Nicolas, n'est fêtée que dans certaines régions, principalement dans l'Est. **15**

13. Le jour où vous aurez besoin **de** quelque chose, adressez-vous à lui, il est toujours prêt à rendre service, et pour vous, il le fera avec plaisir. **13**

14. Tous **ceux** qui croient, comme moi, qu'il est temps de manifester nos désirs, sont priés de se lever. **12**

15. Je ne puis malheureusement répondre à votre aimable invitation, j'ai trop **de** travail et le soir je suis très fatigué. **6**

Übung 12

1. Soit que le pays lui déplaise, soit qu'il n'ait plus d'argent, il rentrera en tout cas dans trois jours.

2. Nous ne recevons plus personne, depuis que nous habitons dans ce nouveau appartement. Peut-être est-ce à cause des voisins qui ne supportent pas le bruit?

3. Quand j'ai soif je bois de la bière; et quand il n'y a pas de bière je bois du vin, mais je ne bois jamais de l'eau.

4. En cas de difficultés, prévenez-moi! Je ferai alors tout ce qui est en mon pouvoir pour vous aider à passer le cap.

5. Inutile de vous fâcher, Monsieur le Directeur, ce n'est pas moi qui a dit à Mlle Lambert de partir plus tôt que d'habitude.

6. Si j'habitais, comme vous, près l'opéra, j'en profiterais pour y aller au moins une fois par semaine.

7. C'est vous qui leurs avez dit de prendre un taxi; et c'est moi qui dois le payer.

8. Je crois avoir acheté trop de fruits, prenez autant que vous voulez avant qu'ils ne pourrissent.

9. Allons! Ne désespérons pas! Tant qu'il y a de la vie, il y a de l'espoir.

10. Je sais bien qu'à sa place vous auriez tenté de trouver une issue. Mais lui, c'est tout à fait autre chose, il prend tout tel quel, et se plaint jamais.

11. Je suis désolé, mais je suis contraint de vous décevoir de nouveau. Votre dossier, je l'ai remis à ces messieurs, ce sont les qui décident.

12. J'admets que le fromage français soit plus bon que le fromage allemand, mais que pensez-vous du pain et de la charcuterie?

13. Je vous préviens que si vous n'acceptez pas mon invitation, je n'accepterai pas la vôtre, moi aussi.

14. Passez-moi un coup de fil avant d'appeler un taxi pour la gare! Si j'ai du temps je vous accompagnerai.

15. J'avoue ne pas partager votre enthousiasme, mais je dois reconnaître que vos idées sont défendables.

Lösung 12

1. Soit que le pays lui déplaise, soit qu'il n'ait plus d'argent, il rentrera en tout cas dans trois jours.

2. Nous ne recevons plus personne, depuis que nous habitons dans ce **nouvel** appartement. Peut-être est-ce à cause des voisins qui ne supportent pas le bruit?   1

3. Quand j'ai soif je bois de la bière; et quand il n'y a pas de bière je bois du vin, mais je ne bois jamais **d'eau**.   3

4. En cas de difficultés, prévenez-moi! Je ferai alors tout ce qui est en mon pouvoir pour vous aider à passer le cap.

5. Inutile de vous fâcher, Monsieur le Directeur, ce n'est pas moi qui **ai** dit à Mlle Lambert de partir plus tôt que d'habitude.   5

6. Si j'habitais, comme vous, près **de l'**opéra, j'en profiterais pour y aller au moins une fois par semaine.   9

7. C'est vous qui **leur** avez dit de prendre un taxi; et c'est moi qui dois le payer.   7

8. Je crois avoir acheté trop de fruits, prenez-**en** autant que vous voulez avant qu'ils ne pourrissent.   10

9. Allons! Ne désespérons pas! Tant qu'il y a de la vie, il y a de l'espoir.

10. Je sais bien qu'à sa place vous auriez tenté de trouver une issue. Mais lui, c'est tout à fait autre chose, il prend tout tel quel, et **ne** se plaint jamais.   8

11. Je suis désolé, mais je suis contraint de vous décevoir de nouveau. Votre dossier, je l'ai remis à ces messieurs, ce sont **eux** qui décident.   11

12. J'admets que le fromage français soit **meilleur** que le fromage allemand, mais que pensez-vous du pain et de la charcuterie?   14

13. Je vous préviens que si vous n'acceptez pas mon invitation, je n'accepterai pas la vôtre, moi **non plus**.   16

14. Passez-moi un coup de fil avant d'appeler un taxi pour la gare! Si j'ai du temps je vous **y** accompagnerai.   17

15. J'avoue ne pas partager votre enthousiasme, mais je dois reconnaître que vos idées sont défendables.

Übung 13

1. Moi, le café je le prends sans du sucre, mais avec un peu de lait. Il faut absolument que je perde du poids.

2. S'il ne veut pas accepter votre offre, c'est tant pis pour lui. Moi, en tout cas, j'ai tout fait pour lui faire entendre raison.

3. Je vais demander à mon frère s'il veut vous prêter son voiture. Peut-être n'en a-t-il pas besoin, ce soir.

4. Moi, j'estime que vous parlez anglais aussi bien comme votre frère.

5. J'ai pris l'habitude de me coucher tôt, pour me lever tôt, c'est plus sain.

6. Je te conseille de ne pas aller à leur fête, si tu ne veux pas qu'ils se sentent obligés de venir à la tienne.

7. Je lui ai demandé de ne se mêler pas de nos affaires, s'il ne veut pas qu'on se mêle des siennes.

8. Il m'a demandé à trois reprises si je veux aller avec eux au cinéma. J'ai fini par accepter.

9. La Samaritaine vient d'offrir à tous les Françaises qui habitent à Berlin, un foulard «Lanvin».

10. Avec ce nouveau système, il n'y a pas moyen d'avoir la communication en moins de vingt minutes. Quant à moi, j'attends déjà depuis plus d'un quart d'heure.

11. Qu'est-ce que vous avez l'intention de faire maintenant? Je tiens à savoir qu'est-ce que vous allez faire.

12. Je l'ai attendu plus qu'une demi-heure, et savez-vous ce qu'il m'a dit pour s'excuser? – Mon réveil n'a pas sonné.

13. Où est ma chemise blanche, maman? Je l'ai mis sur la chaise pour que tu me la repasses pour ce soir.

14. J'ai besoin de ces livres encore une semaine, ne rendez les lui pas encore; d'ailleurs il ne les a pas encore réclamés.

15. Ne toi endors pas dans le fauteuil, Pilou! Lève-toi et va dans ton lit.

Lösung 13

1. Moi, le café je le prends **sans** sucre, mais avec un peu de lait. Il faut absolument que je perde du poids.   **18**

2. S'il ne veut pas accepter votre offre, c'est tant pis pour lui. Moi, en tout cas, j'ai tout fait pour lui faire entendre raison.

3. Je vais demander à mon frère s'il veut vous prêter **sa** voiture. Peut-être n'en a-t-il pas besoin, ce soir.   **20**

4. Moi, j'estime que vous parlez anglais aussi bien **que** votre frère.   **19**

5. J'ai pris l'habitude de me coucher tôt, pour me lever tôt, c'est plus sain.

6. Je te conseille de ne pas aller à leur fête, si tu ne veux pas qu'ils se sentent obligés de venir à la tienne.

7. Je lui ai demandé de **ne pas** se mêler de nos affaires, s'il ne veut pas qu'on se mêle des siennes.   **23**

8. Il m'a demandé à trois reprises si je **voulais** aller avec eux au cinéma. J'ai fini par accepter.   **26**

9. La Samaritaine vient d'offrir à **toutes** les Françaises qui habitent à Berlin, un foulard «Lanvin».   **28**

10. Avec ce nouveau système, il n'y a pas moyen d'avoir la communication en moins de vingt minutes. Quant à moi, j'attends déjà depuis plus d'un quart d'heure.

11. Qu'est-ce que vous avez l'intention de faire maintenant? Je tiens à savoir **ce que** vous allez faire.   **21**

12. Je l'ai attendu plus **d'une** demi-heure, et savez-vous ce qu'il m'a dit pour s'excuser? – Mon réveil n'a pas sonné.   **22**

13. Où est ma chemise blanche, maman? Je l'ai **mise** sur la chaise pour que tu me la repasses pour ce soir.   **25**

14. J'ai besoin de ces livres encore une semaine, ne **les lui** rendez pas encore; d'ailleurs il ne les a pas encore réclamés.   **24**

15. Ne **t'endors** pas dans le fauteuil, Pilou! Lève-toi et va dans ton lit.

Übung 14

1. Le témoin jura de dire la vérité, toute la vérité, rien comme la vérité.

2. Il préfère gagner un peu moins plutôt que de continuer à travailler dans de telles conditions.

3. Pourquoi n'avez-vous pas vous adressé directement à moi? Je vous l'ai pourtant proposé.

4. Tu ne veux pas aller au cinéma? Alors je n'y vais pas aussi. Il est bien agréable de rester le soir chez soi et de refaire le monde au coin du feu.

5. Vous travaillez toujours dans la même entreprise? – Non, je ne travaille plus depuis deux semaines. Pour le moment je travaille dans le café du coin.

6. Depuis qu'on lui a dit qu'elle ne parlait pas anglais aussi bien comme son mari, elle n'ose pas ouvrir la bouche en sa présence.

7. Non seulement il voudrait qu'on lui réserve le meilleur accueil, mais encore qu'on le remercie d'être venu.

8. Moi, le café je le prends avec beaucoup de sucre, mais sans du lait.

9. A l'entendre parler on dirait plutôt que c'est lui qui l'a abandonnée.

10. Vous au moins vous savez qu'est-ce que vous voulez; on a beau essayer de vous convaincre, mais il n'y a rien à faire.

11. Pourquoi n'avez-vous pas respecté ma prière? Je vous avais demandé de rien lui dire tant que sa santé était encore si fragile.

12. Pourquoi ne les avez-vous pas voulu y conduire? Avez-vous vraiment cru qu'ils se tireraient d'affaire?

13. Pour une si petite réparation, je ne crois pas qu'on puisse vous demander plus que deux cents francs. A moins que vous n'ayez affaire à des truands.

14. Il a voulu savoir si je peux le remplacer, mais il a tout de suite compris que je n'avais pas de temps.

15. Je n'ai pas dormi de la nuit et toutes les fautes que j'ai fait sont dues à un manque de concentration.

Lösung 14

1. Le témoin jura de dire la vérité, toute la vérité, rien **que** la vérité. **29**

2. Il préfère gagner un peu moins plutôt que de continuer à travailler dans de telles conditions.

3. Pourquoi **ne vous êtes-vous** pas adressé directement à moi? Je vous l'ai pourtant proposé. **30**

4. Tu ne veux pas aller au cinéma? Alors je n'y vais pas **non plus**. Il est bien agréable de rester le soir chez soi et de refaire le monde au coin du feu. **16**

5. Vous travaillez toujours dans la même entreprise? – Non, je **n'y** travaille plus depuis deux semaines. Pour le moment je travaille dans le café du coin. **17**

6. Depuis qu'on lui a dit qu'elle ne parlait pas anglais aussi bien **que** son mari, elle n'ose pas ouvrir la bouche en sa présence. **19**

7. Non seulement il voudrait qu'on lui réserve le meilleur accueil, mais encore qu'on le remercie d'être venu.

8. Moi, le café je le prends avec beaucoup de sucre, mais **sans** lait. **18**

9. A l'entendre parler on dirait plutôt que c'est lui qui l'a abandonnée.

10. Vous au moins vous savez **ce que** vous voulez; on a beau essayer de vous convaincre, mais il n'y a rien à faire. **21**

11. Pourquoi n'avez-vous pas respecté ma prière: Je vous avais demandé de **ne rien** lui dire tant que sa santé était encore si fragile. **23**

12. Pourquoi n'avez-vous pas voulu **les y** conduire? Avez-vous vraiment cru qu'ils se tireraient d'affaire? **24**

13. Pour une si petite réparation, je ne crois pas qu'on puisse vous demander plus **de** deux cents francs. A moins que vous n'ayez affaire à des truands. **22**

14. Il a voulu savoir si je **pouvais** le remplacer, mais il a tout de suite compris que je n'avais pas de temps. **26**

15. Je n'ai pas dormi de la nuit et toutes les fautes que j'ai **faites** sont dues à un manque de concentration. **25**

Übung 15

1. Il est malheureux que vous n'ayez pas voulu nous écouter. Nous vous avions prévenu du danger.

2. Votre sœur pense toujours à sa petit chien. Elle lui achète un os, chaque semaine.

3. Vous avez seulement besoin de lui dire que vous venez de ma part et vous verrez comme il vous recevra.

4. Ce matin, je m'ai réveillé plus tôt que d'habitude pour prendre le premier train pour Orléans.

5. Lave-toi les mains avec ce savon, mais ne toi essuie pas avec cette serviette, elle est sale.

6. Inutile de vous défendre. Nous sommes trois et, quoi que vous fassiez, nous serons les plus forts.

7. Je lui ai offert une bouteille de vin pour son anniversaire et il l'a bue toute seul.

8. Je crois que ni lui ni son frère seraient prêts à en assumer la responsabilité.

9. «Lui auriez-vous pardonné, si elle se serait excusée»? Lui demanda sa compagne surprise du ton de ses paroles qui trahissait un mécontentement.

10. Et les enfants? Où sont les enfants? Comment as-tu osé les envoyer chercher mes cigarettes à cette heure-ci?

11. J'aimerais que vous faisiez ce que je vous dis, si vous ne voulez pas que je me fâche.

12. Mêlez-vous de vos affaires si vous ne voulez pas qu'on se mêle des vôtres.

13. Je me demande qui peut bien téléphoner à cette heure-ci. Peut-être c'est le concierge qui a encore une fois oublié ses clés.

14. Ce petit garçon porte toujours des propres vêtements. Je me demande comment il fait pour ne pas se salir.

15. De peur de subir des représailles, de la part de ses complices, le témoin affirma qu'il n'avait rien vu ni entendu.

Lösung 15

1. Il est malheureux que vous n'ayez pas voulu nous écouter. Nous vous avions prévenu du danger.

2. Votre sœur pense toujours à **son** petit chien. Elle lui achète un os chaque semaine. **20**

3. Vous **n'**avez **qu'à** lui dire que vous venez de ma part et vous verrez comme il vous recevra. **29**

4. Ce matin, je **me suis** réveillé plus tôt que d'habitude pour prendre le premier train pour Orléans. **30**

5. Lave-toi les mains avec ce savon, mais ne **t'**essuie pas avec cette serviette, elle est sale. **27**

6. Inutile de vous défendre. Nous sommes trois et, quoi que vous fassiez, nous serons les plus forts.

7. Je lui ai offert une bouteille de vin pour son anniversaire et il l'a bue **tout** seul. **28**

8. Je crois que ni lui, ni son frère **ne** seraient prêts à en assumer la responsabilité. **33**

9. «Lui auriez-vous pardonné, si elle **s'était** excusée»? Lui demanda sa compagne surprise du ton de ses paroles qui trahissait un mécontentement. **32**

10. Et les enfants? Où sont les enfants? Comment as-tu osé les envoyer chercher mes cigarettes à cette heure-ci?

11. J'aimerais que vous **fassiez** ce que je vous dis, si vous ne voulez pas que je me fâche. **31**

12. Mêlez-vous de vos affaires si vous ne voulez pas qu'on se mêle des **vôtres**. **34**

13. Je me demande qui peut bien téléphoner à cette heure-ci. Peut-être **est-ce** le concierge qui a encore une fois oublié ses clés. **36**

14. Ce petit garçon porte toujours des vêtements **propres**. Je me demande comment il fait pour ne pas se salir. **35**

15. De peur de subir des représailles, de la part de ses complices, le témoin affirma **n'avoir** rien vu ni entendu. **37**

Übung 16

1. Quand tu as fini tes devoirs, je te permettrai de sortir jouer avec tes camarades; à condition que tu rentres avant six heures.

2. L'enfant révolté prit une pierre qu'il lança contre la vitre. Dans un fracas terrible elle se brisait en mille morceaux.

3. Ce n'est pas pour rien qu'il a l'air comme s'il était malade; il n'a pas mangé de la journée.

4. Dites à la secrétaire qu'elle a oublié mon café et qu'elle vient me voir dans cinq minutes.

5. Elles se sont vues, se sont souries et se sont serré la main.

6. Je lui ai demandé s'il acceptera de nous accompagner, mais j'ai vite fait de comprendre que cette pièce ne l'intéressait guère.

7. Il n'est pas étonnant qu'il soit myope. Combien de fois l'ai-je surpris à lire à la lueur d'une bougie.

8. Ce n'est pas vous qui m'aviez dit de faire en sorte que la marchandise soit livrée, au plus tard dans quinze jours?

9. Il arrivèrent trois jeunes hommes aux cheveux longs qui voulaient vous parler.

10. J'ai cherché dans toutes les bibliothèques un dictionnaire technique, mais en vain. La plupart des dictionnaires que j'ai trouvés était littéraire.

11. D'après les factures ci-joint, la réduction consentie ne dépasse pas cinq pour cent.

12. Elle m'avait demandé de prendre part à la discussion mais au bout de deux heures je me suis sentie tout à fait mal à l'aise et j'ai eu hâte de sortir.

13. Il faut que vous étiez plus indulgent avec vos enfants. A cet âge, on ne sait pas trop ce qu'on fait.

14. Quelle audace! Ni la tempête ni le froid l'ont empêché de quitter le port vers un monde inconnu.

15. Qu'auriez-vous fait, si je ne serais pas venu vous chercher? Auriez-vous pris un taxi ou seriez-vous rentré à pied?

Lösung 16

1. Quand tu **auras** fini tes devoirs, je te permettrai de sortir jouer avec tes camarades; à condition que tu rentres avant six heures. **38**

2. L'enfant révolté prit une pierre qu'il lança contre la vitre. Dans un fracas terrible elle se **brisa** en mille morceaux. **40**

3. Ce n'est pas pour rien qu'il a l'air **d'**être malade, il n'a pas mangé de la journée. **37**

4. Dites à la secrétaire qu'elle a oublié mon café et qu'elle **vienne** me voir dans cinq minutes. **41**

5. Elles se sont vues, se sont **souri** et se sont serré la main. **42**

6. Je lui ai demandé s'il **accepterait** de nous accompagner, mais j'ai vite fait de comprendre que cette pièce ne l'intéressait guère. **39**

7. Il n'est pas étonnant qu'il soit myope. Combien de fois l'ai-je surpris à lire à la lueur d'une bougie.

8. Ce n'est pas vous qui m'aviez dit de faire en sorte que la marchandise soit livrée, au plus tard dans quinze jours?

9. **Il arriva** trois jeunes hommes aux cheveux longs qui voulaient vous parler. **44**

10. J'ai cherché dans toutes les bibliothèques un dictionnaire technique, mais en vain. La plupart des dictionnaires que j'ai trouvés **étaient** littéraires. **43**

11. D'après les factures **ci-jointes**, la réduction consentie ne dépasse pas cinq pour cent. **45**

12. Elle m'avait demandé de prendre part à la discussion mais au bout de deux heures je me suis sentie tout à fait mal à l'aise et j'ai eu hâte de sortir.

13. Il faut que vous **soyez** plus indulgent avec vos enfants. A cet âge, on ne sait pas trop ce qu'on fait. **31**

14. Quelle audace! Ni la tempête ni le froid **ne** l'ont empêché de quitter le port vers un monde inconnu. **33**

15. Qu'auriez-vous fait, si je n'**étais** pas venu vous chercher? Auriez-vous pris un taxi ou seriez-vous rentré à pied. **32**

Übung 17

1. Les mariages successifs de Brigitte Bardot, témoins de sa vie si peu conventionnelle, ont longtemps défrayé la chronique.

2. Je viens d'acheter un magnifique livre qui m'a été recommandé par mon psychiâtre.

3. A quelle heure est votre secrétaire arrivée, ce matin? A huit heures où à huit heures trente?

4. Après avoir attendu plus d'un quart d'heure, j'ai perdu patience et me suis retiré sans avertissement.

5. Retournez-nous les livres que nous vous avons prêtés et nous vous retournerons les vôtres.

6. J'ai voulu savoir s'il acceptera de nous accompagner, si je lui offrais le billet aller-retour.

7. Avant que le capitaine n'ait pu donner l'alarme, le bateau faisait naufrage emportant tous les malheureux passagers.

8. Qui que vous êtes, quoi que vous vouliez, nous ferons tout ce qui est en notre pouvoir pour vous aider à passer ce cap.

9. Ne vous impatientez pas, Madame! Vous savez bien à quel point il est occupé ces derniers temps.

10. Quand vous me direz ce que vous pensez en faire, j'aurai moins de peine à m'en séparer.

11. Faut-il vraiment que vous soyez si sévère? Allons! Soyez plus indulgent même si vous croyez que vous avez été réprimandé à tort.

12. Elles se sont jurées de s'écrire au moins une fois par mois.

13. Ils se présentèrent trois Français qui cherchaient un emploi comme professeurs de langues.

14. Il y avait au moins une centaine de journalistes qui tournait autour du président, mais pas un seul n'a réussi à lui tirer un mot.

15. Nous tâcherons de vous livrer toutes les bouteilles commandées, y comprises celles que vous nous avez réclamées.

Lösung 17

1. Les mariages successifs de Brigitte Bardot, témoins de sa vie si peu conventionnelle, ont longtemps défrayé la chronique.

2. Je viens d'acheter un livre **magnifique** qui m'a été recommandé par mon psychiâtre. **35**

3. A quelle heure votre secrétaire **est-elle** arrivée, ce matin? A huit heures ou à huit heures trente? **36**

4. Après avoir attendu plus d'un quart d'heure, j'ai perdu patience et me suis retiré sans avertissement.

5. Retournez-nous les livres que nous vous avons prêtés et nous vous retournerons les **vôtres**. **34**

6. J'ai voulu savoir s'il **accepterait** de nous accompagner, si je lui offrais le billet aller-retour. **39**

7. Avant que le capitaine n'ait pu donner l'alarme, le bateau **fit** naufrage emportant tous les malheureux passagers. **40**

8. Qui que vous **soyez**, quoi que vous vouliez, nous ferons tout ce qui est en notre pouvoir pour vous aider à passer ce cap. **41**

9. Ne vous impatientez pas, Madame! Vous savez bien à quel point il est occupé ces derniers temps.

10. Quand vous **m'aurez dit** ce que vous pensez en faire, j'aurai moins de peine à m'en séparer. **38**

11. Faut-il vraiment que vous soyez si sévère? Allons! Soyez plus indulgent même si vous croyez **avoir été** réprimandé à tort. **37**

12. Elles se sont **juré** de s'écrire au moins une fois par mois. **42**

13. Il se **présenta** trois Français qui cherchaient un emploi comme professeurs de langues. **44**

14. Il y avait au moins une centaine de journalistes qui **tournaient** autour du président. Mais pas un seul n'a réussi à lui tirer un mot. **43**

15. Nous tâcherons de vous livrer toutes les bouteilles commandées, y **compris** celles que vous nous avez réclamées. **45**

Übung 18

1. Il est arrivé avant trois ans à New-York et ne parlait pas un mot d'anglais. Depuis, il a fait des progrès étonnants.

2. J'ai vu l'Orient et l'Amérique, mais je n'ai rien vu de plus beau que les Iles caraïbes.

3. Je ne peux pas vous dire le nombre exact des livres que j'ai, mais en tout cas je dois avoir quelques trois cents volumes.

4. Mais que vous est-il arrivé? Je viens d'apprendre que vous auriez presque écrasé un enfant.

5. Profitez de l'occasion! Il est certain que vous ne vous en repentirez jamais.

6. Vous n'allez tout de même pas exiger qu'on vous offre le même salaire. Vous êtes étudiant et, par conséquent, vous ne pouvez pas gagner aussi beaucoup que lui.

7. Avec le temps qu'il fait en cette saison, j'ai du mal à comprendre que vous vouliez passer vos vacances à l'Alaska.

8. Elle n'a vraiment pas beaucoup de temps et j'estime qu'il faut lui rendre le service qu'elle nous demande; elle sera très reconnaissante pour cela.

9. Nous espérons vivement que quelques de vos amis parlent français. Sinon, je crains que M. Leroy, qui ne parle pas un traître mot d'allemand, ne s'ennuie à mourir.

10. L'union fait la force. De nos jours, nul ne peut se permettre de penser uniquement à lui-même.

11. Nous n'avons pas pensé un seul instant à de telles conséquences. Aussi, n'avons-nous pas prévu d'équipe de sauvetage.

12. Il faut qu'il nous prenne pour des imbéciles pour essayer de nous faire croire qu'il a traversé l'Atlantique dans huit jours.

13. Mon collègue m'a demandé, très poli d'ailleurs, si je pouvais lui prêter un peu d'argent jusqu'à la fin du mois.

14. Je n'ai rien vu de plus beau que les coraux de la mer Rouge.

15. Il ne vous réussira pas à le convaincre, il est bien trop têtu pour reconnaître ses torts.

Lösung 18

1. Il est arrivé **il y a** trois ans à New-York et ne parlait pas un mot d'anglais. Depuis, il a fait des progrès étonnants. **46**

2. J'ai vu l'Orient et l'Amérique, mais je n'ai rien vu de plus beau que les Iles caraïbes.

3. Je ne peux pas vous dire le nombre exact des livres que j'ai, mais en tout cas je dois avoir **quelque** trois cents volumes. **47**

4. Mais que vous est-il arrivé? Je viens d'apprendre que vous **avez failli** écraser un enfant. **48**

5. Profitez de l'occasion! Il est certain que vous ne vous en repentirez jamais.

6. Vous n'allez tout de même pas exiger qu'on vous offre le même salaire. Vous êtes étudiant et, par conséquent, vous ne pouvez pas gagner **autant** que lui. **49**

7. Avec le temps qu'il fait en cette saison, j'ai du mal à comprendre que vous vouliez passer vos vacances **en** Alaska. **50**

8. Elle n'a vraiment pas beaucoup de temps et j'estime qu'il faut lui rendre le service qu'elle nous demande; elle **en** sera très reconnaissante. **51**

9. Nous espérons vivement que **quelques-uns** de vos amis parlent français. Sinon, je crains que M. Leroy, qui ne parle pas un traître mot d'allemand, ne s'ennuie à mourir. **52**

10. L'union fait la force. De nos jours, nul ne peut se permettre de penser uniquement à **soi**-même. **53**

11. Nous n'avons pas pensé un seul instant à de telles conséquences. Aussi, n'avons-nous pas prévu d'équipe de sauvetage.

12. Il faut qu'il nous prenne pour des imbéciles pour essayer de nous faire croire qu'il a traversé l'Atlantique **en** huit jours. **54**

13. Mon collègue m'a demandé, très poli**ment** d'ailleurs, si je pouvais lui prêter un peu d'argent jusqu'à la fin du mois. **55**

14. Je n'ai rien vu de plus beau que les **coraux** de la mer Rouge. **56**

15. **Vous ne réussirez** pas à le convaincre, il est bien trop têtu pour reconnaître ses torts. **57**

Übung 19

1. Quel automne! Il n'a pas cessé de pleuvoir depuis trois jours. Les pauvres paysans sont désespérés.

2. Après avoir roulé toute la nuit, nous décidâmes de nous arrêter, juste à demi-chemin entre Paris et St. Cloud, pour nous reposer.

3. Evitez d'aborder des sujets qui sont de nature à semer la discorde et vous vivrez à l'abri de toute critique.

4. J'aimerais vivre dans un bel appartement ancien, mais hélas, souvent les pièces y sont trop foncées.

5. Je n'ai jamais pris un ticket de quai pour accompagner mes invités.

6. Pour me désaltérer je préfère boire l'eau minérale.

7. Et dire qu'il m'a fallu plus de trois mois pour comprendre que vous n'étiez pas celui pour qui je vous prenais.

8. Pourquoi songer à des trésors cachés ou aspirer à un beau héritage? Vivre modestement est certainement plus sage.

9. Le parcours fut pénible et long; mais après avoir surmonté toutes les difficultés, c'est moi qui est arrivé le premier, et j'en suis très fier.

10. Pendant mes vacances en Italie, j'ai pris plusieurs de photos en couleur.

11. La cigale ayant chanté tout l'été, alla crier famine à la fourmi sa voisine.

12. J'habite tout près la gare, mais bien loin de l'arrêt d'autobus.

13. J'ai beau m'excuser, jamais je ne parviendrai à le convaincre de mon innocence.

14. Un simple coup de fil et voilà tous ses amis qui accourent pour lui prêter main forte. Personne a essayé de se dérober.

15. J'ai vu Pierre et Mireille et je leurs ai demandé, s'ils voulaient passer les jours de fête avec nous.

Lösung 19

1. Quel automne! Il n'a pas cessé de **pleuvoir** depuis trois jours. Les pauvres paysans sont désespérés. **58**

2. Après avoir roulé toute la nuit, nous décidâmes de nous arrêter, juste à **mi-chemin** entre Paris et St. Cloud, pour nous reposer. **59**

3. Evitez d'aborder des sujets qui sont de nature à semer la discorde et vous vivrez à l'abri de toute critique.

4. J'aimerais vivre dans un bel appartement ancien, mais hélas, souvent les pièces y sont trop **sombres**. **60**

5. Je n'ai jamais pris **de** ticket de quai pour accompagner mes invités. **3**

6. Pour me désaltérer je préfère boire **de** l'eau minérale. **2**

7. Et dire qu'il m'a fallu plus de trois mois pour comprendre que vous n'étiez pas celui pour qui je **vous prenais.**

8. Pourquoi songer à des trésors cachés ou aspirer à un **bel** héritage? Vivre modestement est certainement plus sage. **1**

9. Le parcours fut pénible et long; mais après avoir surmonté toutes les difficultés, c'est moi qui **suis** arrivé le premier, et j'en suis très fier. **5**

10. Pendant mes vacances en Italie, j'ai pris **plusieurs** photos en couleur. **6**

11. La cigale ayant chanté tout l'été, alla crier famine **chez** la fourmi sa voisine. **4**

12. J'habite tout près **de la** gare, mais bien loin de l'arrêt d'autobus. **9**

13. J'ai beau m'excuser, jamais je ne parviendrai à le convaincre de mon innocence.

14. Un simple coup de fil et voilà tous ses amis qui accourent pour lui prêter main forte. Personne **n'**a essayé de se dérober. **8**

15. J'ai vu Pierre et Mireille et je **leur** ai demandé, s'ils voulaient passer les jours de fête avec nous. **7**

Übung 20

1. En voilà un qui n'a pas froid aux yeux. Il n'a pas cessé de lui répéter qu'il avait tort et qu'il devait changer de tactique.

2. Il n'a vraiment pas de chance ce pauvre malheureux. C'est la cinquième femme qui l'abandonne. Maintenant il a décidé de marier une femme de son âge.

3. C'est à vous que je dois rendre ces livres ou c'est à les? C'est de la part de M. Bertin.

4. Voyant que nous hésitions à nous décider, l'hôtelier nous montra la chambre du troisième qui était bien moins chère que la du quatrième.

5. On vient de vous livrer plus d'une centaine de livres. Quand j'aurai besoin, pourrais-je m'adresser à vous?

6. Cette année, je ne crois pas que nous puissions prendre nos vacances avant le quatorzième avril. Tant pis! Nous irons alors à Tahiti, il fera certainement plus chaud qu'ici.

7. Vous êtes gâtée, vous! Un simple coup de fil et votre père vous envoie tout ce que vous avez besoin.

8. Ce qui est déplaisant parfois au restaurant, c'est qu'on vous serve des vins encore plus mauvais que dans les supermarchés.

9. La tempête faisait rage. Après quarante-huit heures de lutte infernale, le bateau fit naufrage emportant tous les passagers.

10. Un homme d'affaires doit être ferme. Il ne doit en aucun cas se faire convaincre par des promesses mais par des faits.

11. Il n'y a personne entre eux qui soit capable de travailler plus de dix heures consécutives et de faire un travail convenable.

12. Il prétend être musicien sans pour autant savoir jouer ni au piano, ni à la guitare, mais il va au concert tous les dimanches.

13. Vous vous rendez compte? Ses enfants ont dix et douze ans et ils ne peuvent pas encore nager.

14. Bravo! Elle au moins, elle ne mâche pas ses mots. C'est la première fois qu'une secrétaire le remet sa place.

15. Je lui remettrai le dossier et lui laisserai le soin de modifier ce point comment il l'entend.

Lösung 20

1. En voilà un qui n'a pas froid aux yeux. Il n'a pas cessé de lui répéter qu'il avait tort et qu'il devait changer de tactique.

2. Il n'a vraiment pas de chance ce pauvre malheureux. C'est la cinquième femme qui l'abandonne. Maintenant il a décidé **d'épouser** une femme de son âge.

3. C'est à vous que je dois rendre ces livres ou c'est à **eux**? C'est de la part de M. Bertin. **11**

4. Voyant que nous hésitions à nous décider, l'hôtelier nous montra la chambre du troisième qui était bien moins chère que **celle** du quatrième. **12**

5. On vient de vous livrer plus d'une centaine de livres. Quand j'**en** aurai besoin, pourrais-je m'adresser à vous? **10**

6. Cette année, je ne crois pas que nous puissions prendre nos vacances avant le **quatorze** avril. Tant pis! Nous irons alors à Tahiti, il fera certainement plus chaud qu'ici. **15**

7. Vous êtes gâtée, vous! Un simple coup de fil et votre père vous envoie tout ce **dont** vous avez besoin. **13**

8. Ce qui est déplaisant parfois au restaurant, c'est qu'on vous serve des vins encore **pires** que dans les supermarchés. **14**

9. La tempête faisait rage. Après quarante-huit heures de lutte infernale, le bateau fit naufrage emportant tous les passagers.

10. Un homme d'affaires doit être ferme. Il ne doit en aucun cas se **laisser** convaincre par des promesses, mais par des faits. **61**

11. Il n'y a personne **parmi** eux qui soit capable de travailler plus de dix heures consécutives et de faire un travail convenable. **62**

12. Il prétend être musicien sans pour autant savoir jouer ni **du** piano, ni **de la** guitare, mais il va au concert tous les dimanches. **63**

13. Vous vous rendez compte? Ses enfants ont dix et douze ans et ils ne **savent** pas encore nager. **64**

14. Bravo! Elle au moins, elle ne mâche pas ses mots. C'est la première fois qu'une secrétaire le remet **à** sa place.

15. Je lui remettrai le dossier et lui laisserai le soin de modifier ce point **comme** il l'entend. **65**

Übung 21

1. Si vous désirez que je vous emprunte un peu d'argent, promettez-moi de me le rendre avant la fin du mois.

2. Je tiens à vous remercier de l'aimable réception que vous avez réservée à notre agent, lors de son passage à Hambourg.

3. Tout le monde est au courant de vos intentions. A quoi bon vous obstiner à étouffer ces rumeurs? Il n'y a pas de fumée sans feu.

4. Il m'a désiré bonne chance, mais j'ai bien vu dans ses yeux qu'il ne se faisait pas beaucoup d'espoir.

5. Vous ne voulez tout de même pas s'en aller, avant de savoir s'il a téléphoné.

6. Hier, nous sommes allés au théâtre, avant hier à l'opéra et aujourd'hui soir, nous allons au cinéma.

7. Je ne comprends pas pourquoi il vous haït tellement. C'est vous pourtant qui l'avez aidé à trouver cet emploi.

8. Il n'est pas trop doué, votre comptable. S'il faut commencer par lui expliquer comment tirer un chèque...

9. Combien de temps avez-vous vivé en Espagne, pour parler un espagnol aussi parfait?

10. Je sais que je me trompe souvent; mais comment voulez-vous que j'acquérisse de l'expérience si je ne prends pas de risques?

11. Ils nous ont vus, nous ont reconnus, mais ils n'ont pas daigné nous saluer. Voulez-vous que je vous dise pourquoi? Et bien c'est parce que vous les contredites constamment.

12. J'étais impressionné par la modestie de ces gens et j'avais du mal à comprendre qu'on puisse se contenter de si peu.

13. J'attends que l'eau bouille pour vous faire un bon café.

14. Que vous puissiez bien conduire, je n'en doute pas; mais par le temps qu'il fait nous ferions mieux de prendre un taxi.

15. Il prétend savoir jouer aussi bien au violon qu'à l'accordéon. Inutile de vous dire de quelle manière.

Lösung 21

1. Si vous désirez que je vous **prête** un peu d'argent, promettez-moi de me le rendre avant la fin du mois. 66

2. Je tiens à vous remercier de l'aimable **accueil** que vous avez réservé à notre agent, lors de son passage à Hambourg. 67

3. Tout le monde est au courant de vos intentions. A quoi bon vous obstiner à étouffer ces rumeurs? Il n'y a pas de fumée sans feu.

4. Il m'a **souhaité** bonne chance, mais j'ai bien vu dans ses yeux qu'il ne se faisait pas beaucoup d'espoir. 68

5. Vous ne voulez tout de même pas **vous** en aller avant de savoir s'il a téléphoné. 69

6. Hier nous sommes allés au théâtre, avant hier à l'opéra et **ce soir** nous allons au cinéma. 70

7. Je ne comprends pas pourquoi il vous **hait** tellement. C'est vous pourtant qui l'avez aidé à trouver cet emploi. 71

8. Il n'est pas trop doué, votre comptable. S'il faut commencer par lui expliquer comment tirer un chèque ...

9. Combien de temps avez-vous **vécu** en Espagne, pour parler un espagnol aussi parfait? 72

10. Je sais que je me trompe souvent; mais comment voulez-vous que **j'acquière** de l'expérience si je ne prends pas de risques? 73

11. Ils nous ont vus, nous ont reconnus, mais ils n'ont pas daigné nous saluer. Voulez-vous que je vous dise pourquoi? Et bien c'est parce que vous les **contredisez** constamment. 74
    contredire

12. J'étais impressionné par la modestie de ces gens et j'avais du mal à comprendre qu'on puisse se contenter de si peu.

13. J'attends que l'eau bouille pour vous faire un bon café.

14. Que vous **sachiez** bien conduire, je n'en doute pas; mais par le temps qu'il fait nous ferions mieux de prendre un taxi. 64

15. Il prétend savoir jouer aussi bien **du** violon que **de l'**accordéon. Inutile de vous dire de quelle manière. 63

Übung 22

1. Nous l'avons échappé belle! Si vous n'aviez pas réagi aussi intelligemment, qui sait où nous aurions atterri.

2. Je regrette de ne pouvoir faire autrement, mais j'ai promis à Pierre de lui emprunter ce livre aussitôt que je l'aurai lu.

3. Il semble que cette commande soit urgente. Pourriez-vous nous laisser connaître votre délai de livraison le plus favorable?

4. Y a-t-il quelqu'un entre vous qui puisse me servir d'interprète? Je reçois la visite d'un Italien qui ne parle pas un traître mot d'allemand.

5. Je voudrais savoir comme vous vous y prenez pour lui faire croire de telles sottises.

6. Figure-toi que je me suis trompé de jour et me suis retrouvé avec tout le matériel devant une porte fermée.

7. Il ne me reste plus qu'à vous remercier de votre aimable réception et à vous exprimer mes meilleurs vœux.

8. A propos, c'est vous qui lui avez téléphoné aujourd'hui matin, pour lui annoncer la bonne nouvelle?

9. Va-t-en, Pierre! Et dis à René d'aller aussi.

10. Si la grammaire n'est pas toujours logique, les mathématiques, elles, sont très logiques.

11. Bonjour, Monsieur, qu'est-ce que vous souhaitez? – Oh! Je cherche une jolie robe qui ne soit pas trop chère, pour ma femme.

12. Je suis convaincu qu'il vous haït autant que vous le haïssez. Et je trouve cela évident.

13. Il n'est pas trop doué pour les langues, mais depuis son séjour à Paris, il a acquéri des connaissances remarquables.

14. Je vous souhaite, mes enfants, de tout cœur, que vous ne viviez pas ce que nous, nous avons vivé.

15. Si vous me préditez l'avenir, je vous offre la moitié de ma fortune. Et ce n'est pas peu dire.

Lösung 22

1. Nous l'avons échappé belle! Si vous n'aviez pas réagi aussi intelligemment, qui sait où nous aurions atterri.

2. Je regrette de ne pouvoir faire autrement, mais j'ai promis à Pierre de lui **prêter** ce livre aussitôt que je l'aurai lu. **66**

3. Il semble que cette commande soit urgente. Pourriez-vous nous **faire** connaître votre délai de livraison le plus favorable? **61**

4. Y a-t-il quelqu'un **parmi** vous qui puisse me servir d'interprète? Je reçois la visite d'un Italien qui ne parle pas un traître mot d'allemand. **62**

5. Je voudrais savoir **comment** vous vous y prenez pour lui faire croire de telles sottises. **65**

6. Figure-toi que je me suis trompé de jour et me suis retrouvé avec tout le matériel devant une porte fermée.

7. Il ne me reste plus qu'à vous remercier de votre aimable **accueil** et à vous exprimer mes meilleurs vœux. **67**

8. A propos, c'est vous qui lui avez téléphoné **ce** matin, pour lui annoncer la bonne nouvelle? **70**

9. Va-t-en, Pierre! Et dis à René **de s'en** aller aussi. **69**

10. Si la grammaire n'est pas toujours logique, les mathématiques, elles, sont très logiques.

11. Bonjour, Monsieur, qu'est-ce que vous **désirez?** – Oh! Je cherche une jolie robe qui ne soit pas trop chère, pour ma femme. **68**

12. Je suis convaincu qu'il vous **hait** autant que vous le haïssez. Et je trouve cela évident. **71**

13. Il n'est pas trop doué pour les langues, mais depuis son séjour à Paris, il a **acquis** des connaissances remarquables. **73**

14. Je vous souhaite, mes enfants, de tout cœur, que vous ne viviez pas ce que nous, nous avons **vécu**. **72**

15. Si vous me **prédisez** l'avenir, je vous offre la moitié de ma fortune. Et ce n'est pas peu dire. **74**

Übung 23

1. Voulez-vous aller voir si l'eau pour le café bouille déjà?

2. J'estime qu'après quinze ans de dévouement et de fidélité on a droit à une indemnité.

3. Au contraire de ce que je pensais, il est plus ouvert que son aspect austère et rébarbatif laisserait à supposer.

4. Je vais installer un petit restaurant et, après et après, je le remplirai de meubles et de bibelots antiques.

5. Le plus il gagnait le plus il dépensait, sans penser au lendemain. Comme s'il savait que ses jours étaient comptés.

6. Gardons-nous de juger trop vite les gens qui nous entourent, nous nous repentirions de nous être trompés.

7. Il est bien dommage que l'on ne puisse se fier à sa parole: «Allez!» m'a-t-il dit, je viens après dans cinq minutes.

8. Il peut être qu'il arrive en retard, mais il est impossible qu'il ait oublié notre rendez-vous.

9. Mets ton manteau Michel! Si tu ne veux pas attraper froid. Il doit faire plus de dix degrés sous zéro.

10. La pauvre femme ne sait plus quoi faire, elle les aime tous les deux mais elle va finir par marier le plus riche.

11. Pourriez-vous me changer dix francs? J'ai besoin de deux pièces pour téléphoner.

12. La discussion est impossible avec quiconque prétend tout connaître.

13. Il y a de quoi désespérer; je l'attends depuis trois heures. Il m'a pourtant promis de me visiter avant son départ.

14. Si vous continuez à conduire aussi vite, vous allez bientôt vous retrouver dans le fond du ravin.

15. Cette fois, il faut croire qu'elle s'est divorcée pour épouser le fils de son patron.

Lösung 23

1. Voulez-vous aller voir si l'eau pour le café **bout** déjà? **75**

2. J'estime qu'après quinze ans de dévouement et de fidélité on a droit à une indemnité.

3. **Contrairement à** ce que je pensais, il est plus ouvert que son aspect austère et rébarbatif laisserait à supposer. **76**

4. Je vais installer un petit restaurant et, **au fur et à mesure**, je le remplirai de meubles et de bibelots antiques. **77**

5. **Plus** il gagnait **plus** il dépensait, sans penser au lendemain. Comme s'il savait que ses jours étaient comptés. **78**

6. Gardons-nous de juger trop vite les gens qui nous entourent, nous nous repentirions de nous être trompés.

7. Il est bien dommage que l'on ne puisse se fier à sa parole: «Allez!» m'a-t-il dit, je **vous rejoins** dans cinq minutes. **79**

8. **Il se peut** qu'il arrive en retard, mais il est impossible qu'il ait oublié notre rendez-vous. **80**

9. Mets ton manteau Michel! Si tu ne veux pas attraper froid. Il doit faire plus de dix degrés **au-dessous** de zéro. **81**

10. La pauvre femme ne sait plus quoi faire, elle les aime tous les deux mais elle va finir par **épouser** le plus riche. **82**

11. Pourriez-vous **me faire la monnaie** de dix francs? J'ai besoin de deux pièces pour téléphoner. **83**

12. La discussion est impossible avec quiconque prétend tout connaître.

13. Il y a de quoi désespérer; je l'attends depuis trois heures. Il m'a pourtant promis de **venir me voir** avant son départ. **84**

14. Si vous continuez à **rouler** aussi vite, vous allez bientôt vous retrouver dans le fond du ravin. **85**

15. Cette fois, il faut croire qu'elle **a** divorcé pour épouser le fils de son patron. **86**

Übung 24

1. S'il ne vient pas aujourd'hui, vous pouvez être sûr qu'il viendra demain ou après demain, au plus tard.

2. Le cessez-le-feu ne tardera pas à être respecté, aussitôt que le président aura signé et déclaré que le traité est entré en force.

3. Il nous a prévenus du danger, mais malheureusement nous ne l'avons pas pris au sérieux.

4. Ne reste pas debout devant chaque vitrine, chérie! Tu sais bien que je suis pressé, et puis tu vas finir par attraper froid.

5. Si moi, à l'hôtel, je me trompe toujours dans l'étage; vous, vous ne manquez jamais de vous tromper dans la porte.

6. C'est un monsieur qui ne ferait pas de mal à une mouche. Il est toujours là, assis dans son coin à rêver et à penser à son futur.

7. Il se présentèrent un Espagnol et un Italien qui ne savaient pas un traître mot d'allemand.

8. Puisque vous ne voulez pas qu'on vous attende, il va falloir que vous y alliez à pied.

9. La plupart des livres que j'ai achetés dans cette librairie est d'un prix exceptionnel.

10. Il m'a demandé si je serai disposé à lui accorder une remise de 20 % pour cette première commande d'essai.

11. Je souhaite que vous aviez un peu plus de patience avec elle qu'avec moi.

12. Ni la longueur des études, ni la difficulté ont empêché ce père de famille de se présenter à l'examen et de le passer avec succès.

13. Il est rare de trouver une secrétaire qui sait l'espagnol, l'allemand et le français.

14. Quand vous me donnerez votre avis, je vous donnerai le mien.

15. Tout au fond de la vallée, on voyait les ruines d'un vieux abandonné château.

Lösung 24

1. S'il ne vient pas aujourd'hui, vous pouvez être sûr qu'il viendra demain ou après demain, au plus tard.

2. Le cessez-le-feu ne tardera pas à être respecté, aussitôt que le président aura signé et déclaré que le traité est entré en **vigueur.** 87

3. Il nous a prévenus du danger, mais malheureusement nous ne l'avons pas pris au sérieux.

4. Ne t'**arrête** pas devant chaque vitrine, chérie! Tu sais bien que je suis pressé, et puis tu vas finir par attraper froid. 88

5. Si moi, à l'hôtel, je me trompe toujours **d'**étage; vous, vous ne manquez jamais de vous tromper **de** porte. 89

6. C'est un monsieur qui ne ferait pas de mal à une mouche. Il est toujours là, assis dans son coin à rêver et à penser à son **avenir.** 90

7. **Il se présenta** un Espagnol et un Italien qui ne savaient pas un traître mot d'allemand. 44

8. Puisque vous ne voulez pas qu'on vous attende, il va falloir que vous y alliez à pied.

9. La plupart des livres que j'ai achetés dans cette librairie **sont** d'un prix exceptionnel. 43

10. Il m'a demandé si je **serais** disposé à lui accorder une remise de 20 % pour cette première commande d'essai. 39

11. Je souhaite que vous **ayez** un peu plus de patience avec elle qu'avec moi. 31

12. Ni la longueur des études, ni la difficulté **n'**ont empêché ce père de famille de se présenter à l'examen et de le passer avec succès. 33

13. Il est rare de trouver une secrétaire qui **sache** l'espagnol, l'allemand et le français. 41

14. Quand vous m'**aurez donné** votre avis, je vous donnerai le mien. 38

15. Tout au fond de la vallée, on voyait les ruines d'un vieux château **abandonné.** 35

Übung 25

1. Que feriez-vous s'il ne reviendrait pas? Auriez-vous le courage d'affronter le danger sans lui?

2. Il prétend qu'il n'a pas vu sa sœur depuis quinze ans. Alors qu'elle, elle s'obstine à me faire croire qu'elle a mangé avec lui, dimanche dernier.

3. Voilà vos livres, prenez-les et rendez-nous les notres.

4. Ce jeune homme, toujours si attentionné, sait se faire aimer par tout le monde.

5. Comment vous voulez que l'on vous croie, si vous changez d'avis à chaque instant?

6. Il faisait un temps magnifique, mais à peine étions-nous sortis qu'un orage éclatait et nous forçait à trouver un abri.

7. Elles se sont donné la main et se sont promises de ne plus se disputer pour de telles bêtises.

8. A quoi bon lui accorder une telle remise, puisqu'il prétend avoir payé la moitié y comprises les taxes.

9. Nous ne désespérons pas de voir votre projet se réaliser dans un proche avenir.

10. Pour les soldes, nous avons décidé d'offrir ces belles robes à 20 francs chaque.

11. Quel dommage! Pilou dormait tranquille quand Cathie laissa tomber une tasse par terre.

12. Tire les rideaux, Mireille! Il fait trop foncé dans ta chambre. Tu vas t'abîmer les yeux.

13. J'envie ces montagnards. Ils mènent une vie tellement sereine, qu'il me tarde de prendre ma retraite pour aller me joindre à eux.

14. Il est parti en nous promettant de revenir au plus tard à la milieu janvier.

15. Pardon, Monsieur, puis-je vous rappeler que Mme Bertrand est arrivée avant un quart d'heure? Elle commence à s'impatienter.

Lösung 25

1. Que feriez-vous s'il ne **revenait** pas? Auriez-vous le courage d'affronter le danger sans lui?   **32**

2. Il prétend **n'avoir pas vu** sa sœur depuis quinze ans. Alors qu'elle, elle s'obstine à me faire croire qu'elle a mangé avec lui, dimanche dernier.   **37**

3. Voilà vos livres, prenez-les et rendez-nous les **nôtres**.   **34**

4. Ce jeune homme, toujours si attentionné, sait se faire aimer par tout le monde.

5. Comment **voulez-vous** que l'on vous croie, si vous changez d'avis à chaque instant?   **36**

6. Il faisait un temps magnifique, mais à peine étions-nous sortis qu'un orage **éclata** et nous **força** à trouver un abri.   **40**

7. Elles se sont donné la main et se sont **promis** de ne plus se disputer pour de telles bêtises.   **42**

8. A quoi bon lui accorder une telle remise, puisqu'il prétend avoir payé la moitié y **compris** les taxes.   **45**

9. Nous ne désespérons pas de voir votre projet se réaliser dans un proche avenir.

10. Pour les soldes, nous avons décidé d'offrir ces belles robes à 20 francs **chacune**.   **52**

11. Quel dommage! Pilou dormait **tranquillement** quand Cathie laissa tomber une tasse par terre.   **55**

12. Tire les rideaux, Mireille! Il fait trop **sombre** dans ta chambre. Tu vas t'abîmer les yeux.   **60**

13. J'envie ces montagnards. Ils mènent une vie tellement sereine, qu'il me tarde de prendre ma retraite pour aller me joindre à eux.

14. Il est parti en nous promettant de revenir au plus tard à la **mi**-janvier.   **59**

15. Pardon, Monsieur, puis-je vous rappeler que Mme Bertrand est arrivée **il y a** un quart d'heure? Elle commence à s'impatienter.   **46**

Übung 26

1. Il y avait quelques mille personnes qui étaient venues de loin pour accueillir leur souverain.
2. C'est votre secrétaire qui leur a demandé d'emporter ces valises qui encombraient le hall d'entrée et contre lesquelles tout le monde trébuchait.
3. Que vous alliez vivre en Canada ou au Pérou, vous n'oublierez jamais le pays qui vous a vu naître.
4. Après si beaucoup d'épreuves, je crois qu'il est temps pour lui de se retirer des affaires et de chercher une occupation plus calme.
5. Je ne manquerai pas de lui faire comprendre que nous ne sommes pas du tout intéressés par son offre. Cela l'incitera peut-être à nous prendre au sérieux.
6. Je crois connaître toutes les capitales du monde. Pour moi, Rome est la plus belle ville que je connais.
7. J'étais en train de manger quand, tout à coup, sans crier gare, il se plantait devant moi, un couteau à la main.
8. Si vous n'avez pas encore vu les vitraux du Sacré-Cœur, c'est que vous n'avez rien vu de beau.
9. Je viens d'acheter trente-six bouteilles de vins variés qui me sont revenues à quelque douze francs chaque.
10. Les douleurs étaient si vives, que je me serais presque évanouie, sans que le médecin ait pu intervenir.
11. Il est plus sain de se coucher tôt pour se lever tard que de se coucher tard pour se lever tôt.
12. Si monsieur veut se donner la peine de se préparer, je viendrai le prendre en un quart d'heure. Le temps de faire le plein d'essence.
13. Il ne m'est jamais réussi à traduire un texte, si facile soit-il, simultanément.
14. Voilà quinze ans qu'il travaille chez vous. Ne trouvez-vous pas étrange que du jour au lendemain, il vous quitte sans raison valable?
15. Je n'ai même pas de parapluie, et s'il ne cesse pas de pleurer, nous serons obligés d'appeler un taxi, si nous ne voulons pas manquer notre rendez-vous.

Lösung 26

1. Il y avait **quelque** mille personnes qui étaient venues de loin pour accueillir leur souverain. **47**

2. C'est votre secrétaire qui leur a demandé d'emporter ces valises qui encombraient le hall d'entrée et contre lesquelles tout le monde trébuchait.

3. Que vous alliez vivre **au** Canada ou au Pérou, vous n'oublierez jamais le pays qui vous a vu naître. **50**

4. Après **tant** d'épreuves, je crois qu'il est temps pour lui de se retirer des affaires et de chercher une occupation plus calme. **49**

5. Je ne manquerai pas de lui faire comprendre que nous ne sommes pas du tout intéressés par son offre. Cela l'incitera peut-être à nous prendre au sérieux.

6. Je crois connaître toutes les capitales du monde. Pour moi, Rome est la plus belle ville que je **connaisse**. **41**

7. J'étais en train de manger quand, tout à coup, sans crier gare, il se **planta** devant moi, un couteau à la main. **40**

8. Si vous n'avez pas encore vu les **vitraux** du Sacré-Cœur, c'est que vous n'avez jamais rien vu de beau. **56**

9. Je viens d'acheter trente-six bouteilles de vins variés qui me sont revenues à quelque douze francs **chacune**. **52**

10. Les douleurs étaient si vives, que j'ai **failli m'**évanouir, sans que le médecin ait pu intervenir. **48**

11. Il est plus sain de se coucher tôt pour se lever tard que de se coucher tard pour se lever tôt.

12. Si monsieur veut se donner la peine de se préparer, je viendrai le prendre **dans** un quart d'heure. Le temps de faire le plein d'essence. **54**

13. Je **n'ai** jamais réussi à traduire un texte, si facile soit-il, simultanément. **57**

14. Voilà quinze ans qu'il travaille chez vous. Ne trouvez-vous pas étrange que du jour au lendemain, il vous quitte sans raison valable?

15. Je n'ai même pas de parapluie, et s'il ne cesse pas de **pleuvoir**, nous serons obligés d'appeler un taxi, si nous ne voulons pas manquer notre rendez-vous. **58**

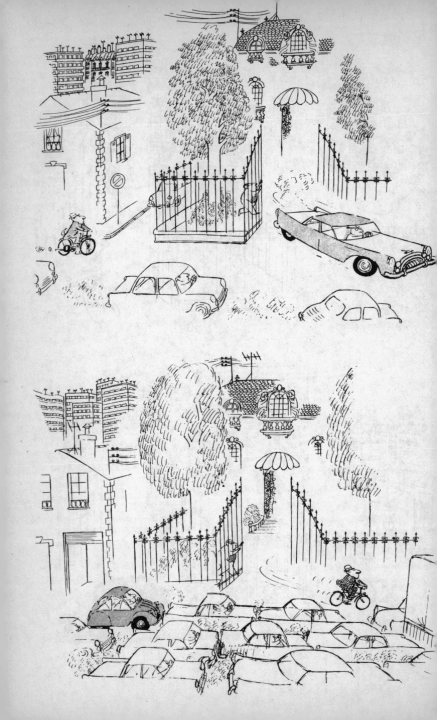

Übung 27

1. Quel hiver! Toutes les routes sont bloquées par la neige. Il va falloir approvisionner les villages par hélicoptère.

2. Au contraire de ce que dit son mari, elle préférerait passer les trois quarts de son temps au bord de la mer.

3. Remplis ton assiette après et après et dis-toi bien qu'on mange plus avec les yeux qu'avec l'estomac.

4. J'ai du mal à comprendre que la traduction que vous avez fait ait été refusée par le comité des examens.

5. Le plus on approche du but, le plus on a l'impression que celui-ci s'éloigne de vous.

6. Si vous n'avez plus envie de nous attendre, avancez! Nous viendrons après dès que nous aurons fini.

7. Il peut être qu'il ne nous ait pas vus. Je ne puis m'imaginer qu'il puisse nous croiser sans nous saluer.

8. Comment voulez-vous que je tienne compte de ce qu'il dit? C'est la troisième fois qu'il change son avis en un quart d'heure.

9. Mon père a essayé de m'épouser à un banquier suisse. Qu'est-ce que j'en ai souffert. Il était mon aîné de trente ans.

10. Une bonne conscience fut toujours le plus doux des oreillers. Mais qui donc peut parvenir à cet état de perfection?

11. Quel hiver! Il a fait plus de dix degrés sous zéro cette nuit. Et dire que, par dessus le marché, mon chauffage ne fonctionne pas.

12. L'auto-stoppeuse, indisposée par le comportement et les propositions du conducteur, lui demanda d'arrêter tout de suite.

13. La loi entrera en force au début de l'année prochaine, je l'ai lu dans le journal officiel.

14. On peut vouloir se laisser divorcer pour des raisons diverses. Lui, il ne voulait pas cesser de boire et elle, elle ne voulait pas cesser de fumer.

15. Mais il est complètement fou! Conduire à 130 km à l'heure par le temps qu'il fait, c'est vouloir se suicider.

Lösung 27

1. Quel hiver! Toutes les routes sont bloquées par la neige. Il va falloir approvisionner les villages par hélicoptère.

2. **Contrairement** à ce que dit son mari, elle préférerait passer les trois quarts de son temps au bord de la mer. **76**

3. Remplis ton assiette au **fur et à mesure** et dis-toi bien qu'on mange plus avec les yeux qu'avec l'estomac. **77**

4. J'ai du mal à comprendre que la traduction que vous avez **faite** ait été refusée par le comité des examens. **25**

5. **Plus** on approche du but, **plus** on a l'impression que celui-ci s'éloigne de vous. **78**

6. Si vous n'avez plus envie de nous attendre, allez! Nous vous **rejoindrons** dès que nous aurons fini. **79**

7. **Il se peut** qu'il ne nous ait pas vus. Je ne puis m'imaginer qu'il puisse nous croiser sans nous saluer. **80**

8. Comment voulez-vous que je tienne compte de ce qu'il dit? C'est la troisième fois qu'il change **d'**avis en un quart d'heure. **83**

9. Mon père a essayé de me **marier** à un banquier suisse. Qu'est-ce que j'en ai souffert. Il était mon aîné de trente ans. **82**

10. Une bonne conscience fut toujours le plus doux des oreillers. Mais qui donc peut parvenir à cet état de perfection?

11. Quel hiver! Il a fait plus de dix degrés **au-dessous** de zéro cette nuit. Et dire que, par dessus le marché, mon chauffage ne fonctionne pas. **81**

12. L'auto-stoppeuse, indisposée par le comportement et les propositions du conducteur, lui demanda **de s'arrêter** tout de suite. **88**

13. La loi entrera **en vigueur** au début de l'année prochaine, je l'ai lu dans le journal officiel. **87**

14. On peut vouloir **divorcer** pour des raisons diverses. Lui, il ne voulait pas cesser de boire et elle, elle ne voulait pas cesser de fumer. **86**

15. Mais il est complètement fou! **Rouler** à 130 km à l'heure par le temps qu'il fait, c'est vouloir se suicider. **85**

Übung 28

1. J'ai l'intention de passer quelques jours en Corse et je ne manquerai pas de vous visiter avant mon départ.

2. Après une telle déception, je crains qu'elle ne veut plus voir personne, même pas vous qui êtes sa meilleure amie.

3. Lui, à l'hôtel il se trompe toujours dans la porte. Une fois il s'est retrouvé en face de sa fiancée qui était sensée être à Paris.

4. Il a prétendu que tout son futur était gâché par cet échec. C'était en fait un bon prétexte pour ne plus faire aucun effort.

5. J'ai invité quelques mille personnes à cette réception, mais la plupart ont refusé d'y prendre part.

6. Nous venons de repeindre la cuisine. Nous avons choisi une couleur claire car, sans fenêtre, elle paraît petite et bien foncée.

7. Vous a-t-il montré ses derniers travaux? Je les trouve plus intéressants que ceux de la dernière exposition.

8. Nous lui avons également fait parvenir la facture pro-forma afin de lui permettre d'obtenir la licence d'importation.

9. Si tout le monde ne pensait qu'à lui-même, il n'y aurait plus de paix dans ce monde.

10. Je vous conseille de ne pas travailler aussi beaucoup que votre frère, si vous ne voulez pas subir le même sort.

11. Il est arrivé à Hambourg avant six ans, et depuis il ne cesse de se plaindre du mauvais temps.

12. Il lui en veut tellement que tôt ou tard il lui rendra la monnaie de sa pièce.

13. Ne buvez pas de cette eau! J'en ai pris deux gouttes et je serais presque mort de douleurs d'estomac.

14. Ni vous ni moi, ni personne de nos amis d'ailleurs, ne se contenteraient d'une telle excuse. C'est à croire qu'il nous prend pour des imbéciles.

15. Vous pouvez compter sur moi. Je serai de retour au plus tard en une heure, pourvu que votre chauffeur vienne me chercher.

Lösung 28

1. J'ai l'intention de passer quelques jours en Corse et je ne manquerai pas de **venir vous voir** avant mon départ. **84**

2. Après une telle déception je crains qu'elle ne **veuille** plus voir personne, même pas vous qui êtes sa meilleure amie. **41**

3. Lui, à l'hôtel il se trompe toujours **de** porte. Une fois il s'est retrouvé en face de sa fiancée qui était sensée être à Paris. **89**

4. Il a prétendu que tout son **avenir** était gâché par cet échec. C'était en fait un bon prétexte pour ne plus faire aucun effort. **90**

5. J'ai invité **quelque** mille personnes à cette réception, mais la plupart ont refusé d'y prendre part. **47**

6. Nous venons de repeindre la cuisine. Nous avons choisi une couleur claire car, sans fenêtre, elle paraît petite et bien **sombre**. **60**

7. Vous a-t-il montré ses derniers **travaux**? Je les trouve plus intéressants que ceux de la dernière exposition. **56**

8. Nous lui avons également fait parvenir la facture pro-forma afin de lui permettre d'obtenir la licence d'importation.

9. Si tout le monde ne pensait qu'à **soi**-même, il n'y aurait plus de paix dans ce monde. **53**

10. Je vous conseille de ne pas travailler **autant** que votre frère, si vous ne voulez pas subir le même sort. **49**

11. Il est arrivé à Hambourg **il y a** six ans, et depuis il ne cesse de se plaindre du mauvais temps. **46**

12. Il lui en veut tellement que tôt ou tard il lui rendra la monnaie de sa pièce.

13. Ne buvez pas de cette eau! J'en ai pris deux gouttes et **j'ai failli mourir** de douleurs d'estomac. **48**

14. Ni vous ni moi, ni **aucun** de nos amis d'ailleurs, ne se contenteraient d'une telle excuse. C'est à croire qu'il nous prend pour des imbéciles. **52**

15. Vous pouvez compter sur moi. Je serai de retour au plus tard **dans** une heure, pourvu que votre chauffeur vienne me chercher. **54**

Übung 29

1. Je vous remercie de tout le bien que vous m'avez fait et vous promets que j'en penserai toute ma vie.

2. Si nous n'allons pas en Canada cette année, nous tâcherons au moins d'y aller l'année prochaine.

3. Le père, voyant que ses paroles n'avaient aucun poids pour convaincre son fils, se décida à parler sérieux pour aboutir à ses fins.

4. Vas-y vite! Et dis-leur que je les attends pour le dîner, à sept heures.

5. Vous vous rendez compte? Nous sommes en plein automne et il n'a pas encore pleuré une seule fois.

6. C'est grâce à des amis que j'ai pu surmonter ces difficultés et échapper à la faillite.

7. Malgré son obstination et son esprit obtus, il m'est réussi de le convaincre sans trop de difficultés.

8. Ce n'est que partie remise, nous n'avons aucunement l'intention de renoncer à nos vacances et je suis convaincu que nous partirons vers la demi-février.

9. Essayez plutôt cette robe! C'est une taille française. Je suis convaincu qu'elle vous passera à ravir.

10. Voilà trois semaines que vous réfléchissez. Je tiens à ce que vous rencontriez une décision dans les vingt-quatre heures.

11. A mon avis, c'est la plus belle ville que nous ayons visitée depuis notre départ.

12. Pauvre homme, il est vraiment à regretter, c'est la quatrième femme qui l'abandonne. Je me demande bien pourquoi, il a l'air si gentil.

13. Supposons qu'il ne vienne pas vous chercher. Croyez-vous qu'il puisse trouver une autre secrétaire, qui lui serve comme interprète?

14. Le connaissant comme je le connais, je vous avertis qu'il ne faut pas essayer de le tromper. Il l'apercevra.

15. Ne soyez pas si émotionnel, si vous voulez qu'on vous obéisse!

Lösung 29

1. Je vous remercie de tout le bien que vous m'avez fait et vous promets que j'**y** penserai toute ma vie. **51**

2. Si nous n'allons pas **au** Canada cette année, nous tâcherons au moins d'y aller l'année prochaine. **50**

3. Le père, voyant que ses paroles n'avaient aucun poids pour convaincre son fils, se décida à parler **sérieusement** pour aboutir à ses fins. **55**

4. Vas-y vite! Et dis-leur que je les attends pour le dîner, à sept heures.

5. Vous vous rendez compte? Nous sommes en plein automne et il n'a pas encore **plu** une seule fois. **58**

6. C'est grâce à des amis que j'ai pu surmonter ces difficultés et échapper à la faillite.

7. Malgré son obstination et son esprit obtus, **j'ai réussi à** le convaincre sans trop de difficultés. **57**

8. Ce n'est que partie remise, nous n'avons aucunement l'intention de renoncer à nos vacances et je suis convaincu que nous partirons vers la **mi**-février. **59**

9. Essayez plutôt cette robe! C'est une taille française. Je suis convaincu qu'elle vous **ira** à ravir. **91**

10. Voilà trois semaines que vous réfléchissez. Je tiens à ce que vous **preniez** une décision dans les vingt-quatre heures. **92**

11. A mon avis, c'est la plus belle ville que nous ayons visitée depuis notre départ.

12. Pauvre homme, il est vraiment à **plaindre**, c'est la quatrième femme qui l'abandonne. Je me demande bien pourquoi, il a l'air si gentil. **93**

13. Supposons qu'il ne vienne pas vous chercher. Croyez-vous qu'il puisse trouver une autre secrétaire qui lui serve **d'**interprète? **94**

14. Le connaissant comme je le connais, je vous avertis qu'il ne faut pas essayer de le tromper. Il **s'en** apercevra. **95**

15. Ne soyez pas si **émotif**, si vous voulez qu'on vous obéisse! **96**

Übung 30

1. Il faut partout que vous preniez part à cet entretien; puisque c'est vous qui lui avez proposé ce mode de paiement.

2. On lui a fait comprendre, à mots couverts, qu'il ne sera pas invité à cette réception. Il fallait voir dans quel état il était.

3. Je ne crois pas qu'il lui manque du temps. Je pense plutôt qu'il ne veut pas sacrifier ses soirées à des recherches inutiles.

4. Sais-tu que Pilou continue à fumer en cachette? Malgré que je le lui aie interdit à maintes reprises?

5. Le soir, je préfère lire le journal ou entendre la radio plutôt que de regarder la télévision.

6. A l'entendre parler, on croirait qu'il a complètement oublié ce dont il s'agissait. Quant à moi, je préfère qu'il ne s'en rappelle plus.

7. Elle a tout ce qu'il faut pour être heureuse, mais elle ne peut s'empêcher de se plaindre constamment.

8. D'après mon avis, vous feriez mieux d'attendre que la saison commence avant de vous lancer dans une telle aventure.

9. Où est la poste d'aujourd'hui? Je ne la vois pas sur mon bureau.

10. Dépêchez-vous! Je vous conseille même de prendre un taxi si vous ne voulez pas manquer votre dernier train.

11. Mais enfin, pour qui me tenez-vous? Si ça continue, je vais finir par croire que vous vous moquez de moi.

12. Demandez aux renseignements à quelle heure arrive le train en provenance de Nantes. Il faut que je cherche ma petite fille.

13. Je suis désolé, mais je ne puis vraiment t'emprunter davantage. Il ne me reste plus que vingt francs en poche.

14. L'ambassadeur se déclara profondément honoré par la chaleureuse réception qu'on lui fit à l'aéroport.

15. Monsieur souhaite une coquille Saint-Jacques ou des cuisses de grenouilles? Je vous prie de vous dépêcher, nous fermons dans une demi-heure.

Lösung 30

1. Il faut **absolument** que vous preniez part à cet entretien; puisque c'est vous qui lui avez proposé ce mode de paiement. **97**

2. On lui a fait comprendre, à mots couverts, qu'il ne sera pas invité à cette réception. Il fallait voir dans quel état il était.

3. Je ne crois pas qu'il **manque de** temps. Je pense plutôt qu'il ne veut pas sacrifier ses soirées à des recherches inutiles. **98**

4. Sais-tu que Pilou continuer à fumer en cachette? **Quoique** je le lui aie interdit à maintes reprises? **99**

5. Le soir, je préfère lire le journal ou **écouter** la radio plutôt que de regarder la télévision. **100**

6. A l'entendre parler, on croirait qu'il a complètement oublié ce dont il s'agissait. Quant à moi, je préfère qu'il ne s'en **souvienne** plus. **101**

7. Elle a tout ce qu'il faut pour être heureuse, mais elle ne peut s'empêcher de se plaindre constamment.

8. **A mon avis,** vous feriez mieux d'attendre que la saison commence avant de vous lancer dans une telle aventure. **102**

9. Où est le **courrier** d'aujourd'hui? Je ne **le** vois pas sur mon bureau. **103**

10. Dépêchez-vous! Je vous conseille même de prendre un taxi si vous ne voulez pas manquer votre dernier train.

11. Mais enfin, pour qui me **prenez**-vous? Si ça continue, je vais finir par croire que vous vous moquez de moi. **104**

12. Demandez aux renseignements à quelle heure arrive le train en provenance de Nantes. Il faut que j'**aille** chercher ma petite fille. **105**

13. Je suis désolé, mais je ne puis vraiment **te prêter** davantage. Il ne me reste plus que vingt francs en poche. **66**

14. L'ambassadeur se déclara profondément honoré par le chaleureux **accueil** qu'on lui fit à l'aéroport. **67**

15. Monsieur **désire** une coquille Saint-Jacques ou des cuisses de grenouilles? Je vous prie de vous dépêcher, nous fermons dans une demi-heure. **68**

Übung 31

1. Ce directeur lunatique et coléreux m'a laissé taper cette lettre trois fois de suite pour découvrir en fin de compte qu'il n'y avait pas d'erreur.

2. Je les ai tous observés et j'ai remarqué qu'il devait y avoir au moins deux traîtres entre eux.

3. S'il faut que je m'en aille, j'irai; mais non sans vous avoir dit ce que je pense de vous et de vos dernières œuvres.

4. Y a-t-il une chose que vous ne sachiez pas faire? Vous savez jouer au piano, du tennis, du bridge comme à l'accordéon.

5. J'attends que l'eau bouille pour vous faire un café. Le prendrez-vous avec ou sans sucre?

6. Qu'à cela ne tienne! Qu'il vienne ou qu'il ne vienne pas, nous tâcherons de passer une agréable soirée.

7. Si vous n'avez rien à faire aujourd'hui après-midi, passez nous voir; nous prendrons le café ensemble.

8. Ce n'est pas en regrettant ces pauvres malheureux que l'on arrivera à les sauver de la famine, mais en leur montrant comment exploiter leurs terres.

9. C'est un misanthrope, il hait tout le monde et ne veut être en compagnie de personne, pas même de sa femme.

10. Vous n'avez pas oublié, j'espère, que nous avons rendez-vous à sept heures. Dans dix minutes, il faudrait appeler un taxi.

11. Il est né en Espagne, il a grandi en France et il est mort en Italie, où il avait vivé ses plus belles années.

12. Vous connaissez bien ses caprices; si vous le contredites, soyez certain qu'il ne vous invitera plus.

13. Après trois mois de dur labeur, j'ai enfin réussi à passer mon permis de conduire, ce matin. Pourrais-tu m'emprunter ta voiture pour ce soir?

14. Il n'y a rien de plus agréable qu'un bain de soleil en plein hiver, dans un pays lointain.

15. Que souhaitez-vous, Monsieur, une salade de tomates ou une salade verte?

Lösung 31

1. Ce directeur lunatique et coléreux m'a **fait** taper cette lettre trois fois de suite pour découvrir en fin de compte qu'il n'y avait pas d'erreur. **61**

2. Je les ai tous observés et j'ai remarqué qu'il devait y avoir au moins deux traîtres **parmi** eux. **62**

3. S'il faut que je m'en aille, **je m'en** irai; mais non sans vous avoir dit ce que je pense de vous et de vos dernières œuvres. **69**

4. Y a-t-il une chose que vous ne sachiez pas faire? Vous savez jouer **du** piano, **au** tennis, **au** bridge comme **de l'**accordéon. **63**

5. J'attends que l'eau bouille pour vous faire un café. Le prendrez-vous avec ou sans sucre?

6. Qu'à cela ne tienne! Qu'il vienne ou qu'il ne vienne pas, nous tâcherons de passer une agréable soirée.

7. Si vous n'avez rien à faire **cet** après-midi, passez nous voir, nous prendrons le café ensemble. **70**

8. Ce n'est pas en **plaignant** ces pauvres malheureux que l'on arrivera à les sauver de la famine, mais en leur montrant comment exploiter leurs terres. **93**

9. C'est un misanthrope, il **hait** tout le monde et ne veut être en compagnie de personne, pas même de sa femme. **71**

10. Vous n'avez pas oublié, j'espère, que nous avons rendez-vous à sept heures. Dans dix minutes, il faudrait appeler un taxi.

11. Il est né en Espagne, il a grandi en France et il est mort en Italie, où il avait **vécu** ses plus belles années. **72**

12. Vous connaissez bien ses caprices; si vous le **contredisez**, soyez certain qu'il ne vous invitera plus. **74**

13. Après trois mois de dur labeur, j'ai enfin réussi à passer mon permis de conduire, ce matin. Pourrais-tu me **prêter** ta voiture pour ce soir? **66**

14. Il n'y a rien de plus agréable qu'un bain de soleil en plein hiver, dans un pays lointain.

15. Que **désirez**-vous, Monsieur, une salade de tomates ou une salade verte? **68**

Übung 32

1. Je suis désespéré. Figurez-vous qu'il a dix ans et qu'il ne peut pas encore nager. Depuis qu'il a failli se noyer, il a une peur bleue de l'eau.

2. C'est uniquement pour la ménager que j'ai préféré ne pas lui laisser voir ta dernière lettre. Elle ne t'aurait jamais pardonné de telles injustices.

3. Comment voulez-vous que l'on ne vous en veuille pas? Vous médites sans arrêt.

4. Ceux qui haïssent souffrent plus que ceux qui sont haïs.

5. Il faut prendre les gens tels qu'ils sont et ne jamais essayer de les changer.

6. Je vous remercie infiniment de votre aide. Qui sait si j'aurais réussi à lui faire entendre raison, sans vous.

7. C'est au Brésil que j'ai vivé mes plus belles années d'enfance.

8. Elle se vantait d'avoir acquéri des connaissances remarquables, mais la plupart du temps nous pouvions voir qu'il ne s'agissait que d'un vernis.

9. C'est bien le film dont vous m'avez parlé que vous voulez aller voir aujourd'hui soir, n'est-ce pas?

10. Allez-en! Et que je ne vous attrape plus à rôder dans ce quartier. M'avez-vous compris?

11. Après tant d'échecs, il va falloir que vous commenciez à changer de méthodes.

12. Je tiens à vous remercier de l'aimable réception que vous avez réservée à mon représentant lors de son passage à Cologne.

13. C'est votre fils, Madame? Comment il vous ressemble! Il a tout à fait les mêmes yeux que vous.

14. Lui alors, c'est un génie! Il sait jouer au piano, à la guitare, au saxophone, et même au violon.

15. Je ne pense pas qu'il y ait quelqu'un entre vous qui puisse me traduire ce texte en une demi-heure.

Lösung 32

1. Je suis désespéré. Figurez-vous qu'il a dix ans et qu'il ne **sait** pas encore nager. Depuis qu'il a failli se noyer, il a une peur bleue de l'eau. **64**

2. C'est uniquement pour la ménager que j'ai préféré ne pas lui **faire** voir ta dernière lettre. Elle ne t'aurait jamais pardonné de telles injustices. **61**

3. Comment voulez-vous que l'on ne vous en veuille pas? Vous **médisez** sans arrêt. **74**

4. Ceux qui **haïssent** souffrent plus que ceux qui sont haïs. **71**

5. Il faut prendre les gens tels qu'ils sont et ne jamais essayer de les changer.

6. Je vous remercie infiniment de votre aide. Qui sait si j'aurais réussi à lui faire entendre raison, sans vous.

7. C'est au Brésil que j'ai **vécu** mes plus belles années d'enfance. **72**

8. Elle se vantait d'avoir **acquis** des connaissances remarquables, mais la plupart du temps nous pouvions voir qu'il ne s'agissait que d'un vernis. **73**

9. C'est bien le film dont vous m'avez parlé que vous voulez aller voir **ce** soir, n'est-ce pas? **70**

10. **Allez-vouz-en!** Et que je ne vous attrape plus à rôder dans ce quartier. M'avez-vous compris? **69**

11. Après tant d'échecs, il va falloir que vous commenciez à changer de méthodes.

12. Je tiens à vous remercier de l'aimable **accueil** que vous avez réservé à mon représentant lors de son passage à Cologne. **67**

13. C'est votre fils, Madame? **Comme** il vous ressemble! Il a tout à fait les mêmes yeux que vous. **65**

14. Lui alors, c'est un génie! Il sait jouer **du** piano, **de la** guitare, **du** saxophone, et même **du** violon. **63**

15. Je ne pense pas qu'il y ait quelqu'un **parmi** vous qui puisse me traduire ce texte en une demi-heure. **62**

Übung 33

1. J'attends que l'eau bouille pour y tremper le linge avant de le laver.

2. A quoi nous servent les conseils de personnes plus expérimentées, puisqu'en définitive, nous ne les suivons pas?

3. Pourquoi persistez-vous à lui faire croire de telles sottises? Au contraire de sa femme, il est très difficile de le convaincre.

4. Il peut être que nous arrivions avec quelques minutes de retard. Dans ce cas ne nous attendez pas pour le dîner.

5. Faut-il vraiment que vous fassiez toujours le contraire de ce que je vous demande de faire?

6. A l'armée, seuls les officiers peuvent se permettre de changer leur chemise tous les jours.

7. Au point où vous en êtes, je vous conseille de vous contenter de cette brève explication. Je vous en dirai davantage après et après.

8. Je crois qu'il vaudrait mieux continuer, nous viendrons après aussitôt que Martine sera là.

9. L'hiver est précoce cette année. Ce matin il y avait plus de quinze degrés sous zéro. Qu'est-ce que ce sera à la fin décembre!

10. Moi, à votre place, je n'aurais pas hésité à lui faire comprendre qu'il n'avait rien à chercher dans cette affaire.

11. Que voulez-vous que je fasse? Le plus je l'entends, le plus je le vois et le plus je l'aime.

12. Après cette déception, je vous garantis que je ne marierai jamais; à moins de trouver une femme riche et raisonnable.

13. Tu connais bien Michel. Il est trop prudent pour conduire à une vitesse si vertigineuse.

14. Je suis très heureux de pouvoir enfin visiter ma mère. Depuis le temps que je ne l'ai plus revue.

15. Ils ont fini par se laisser divorcer en se promettant de rester bons amis pour l'éternité.

Lösung 33

1. J'attends que l'eau bouille pour y tremper le linge avant de le laver.

2. A quoi nous servent les conseils de personnes plus expérimentées, puisqu'en définitive, nous ne les suivons pas?

3. Pourquoi persistez-vous à lui faire croire de telles sottises? **Contrairement** à sa femme, il est très difficile de le convaincre. 76

4. **Il se peut** que nous arrivions avec quelques minutes de retard. Dans ce cas ne nous attendez pas pour le dîner. 80

5. Faut-il vraiment que vous fassiez toujours le contraire de ce que je vous demande de faire?

6. A l'armée, seuls les officiers peuvent se permettre de changer **de** chemise tous les jours. 83

7. Au point où vous en êtes, je vous conseille de vous contenter de cette brève explication. Je vous en dirai davantage **au fur et à mesure**. 77

8. Je crois qu'il vaudrait mieux continuer, nous vous **rejoindrons** aussitôt que Martine sera là. 79

9. L'hiver est précoce cette année. Ce matin il y avait plus de quinze degrés **au-dessous** de zéro. Qu'est-ce que ce sera à la fin décembre! 81

10. Moi, à votre place, je n'aurais pas hésité à lui faire comprendre qu'il n'avait rien à chercher dans cette affaire.

11. Que voulez-vous que je fasse? **Plus** je l'entends, **plus** je le vois et **plus** je l'aime. 78

12. Après cette déception, je vous garantis que je ne **me** marierai jamais; à moins de trouver une femme riche et raisonnable. 82

13. Tu connais bien Michel. Il est trop prudent pour **rouler** à une vitesse si vertigineuse. 85

14. Je suis très heureux de pouvoir enfin **aller voir** ma mère. Depuis le temps que je ne l'ai plus revue. 84

15. Ils ont fini par **divorcer** en se promettant de rester bons amis pour l'éternité. 86

Übung 34

1. Mais taisez-vous enfin! Croyez-vous que votre voix nous plaise plus que celle du ténor?
2. Dans le futur, demandez-lui, s'il n'a rien contre les visites de votre fiancée, et évitez de le provoquer.
3. D'après le journal officiel, cette nouvelle loi entrera en force dans les vingt-quatre heures qui suivront la signature du traité.
4. Il faut croire que vous avez pris un faux numéro. D'ailleurs, ce n'est pas la première fois que vous vous trompez dans l'adresse.
5. Ne reste pas debout devant chaque vitrine, chérie! Tu sais bien que je suis pressé et du reste j'ai déjà acheté ton cadeau d'anniversaire.
6. Si vous aviez pris le métro, comme je vous l'avais conseillé, vous seriez arrivé à temps.
7. Je crois savoir comme vous vous y prenez pour lui faire entendre raison.
8. Depuis son divorce, il est toujours de mauvaise humeur. Je n'ose plus lui adresser la parole. D'après mon opinion, il devrait prendre des vacances.
9. Vous trouvez aussi que cette ceinture ne passe pas avec mes bottes? Pourtant c'est fait du même cuir.
10. Contentez-vous de ce que vous avez et cessez de vous plaindre sur votre sort. Il y a au monde bien des malheureux qui aimeraient être à votre place.
11. Il est possible que je me sois trompé, mais qu'à cela ne tienne, que vous les commandiez ici ou ailleurs, ça reviendrait au même.
12. Et si je vous payais le voyage aller-retour, me serviriez-vous comme guide? Puisque vous êtes le seul à connaître cette ville.
13. Ils n'ont même pas daigné répondre à mon invitation malgré que je leur aie téléphoné à deux reprises.
14. Il veut partout savoir pourquoi nous préférons habiter à l'hôtel plutôt que chez lui. Comment voulez-vous que je lui dise la vérité sans le vexer?
15. Pouvoir parler plusieurs langues n'est pas l'affaire de tout le monde. Les moins doués doivent s'armer de beaucoup de persévérance.

Lösung 34

1. Mais taisez-vous enfin! Croyez-vous que votre voix nous plaise plus que celle du ténor?

2. A **l'avenir**, demandez-lui s'il n'a rien contre les visites de votre fiancée, et évitez de le provoquer. **90**

3. D'après le journal officiel, cette nouvelle loi entrera **en vigueur** dans les vingt-quatre heures qui suivront la signature du traité. **87**

4. Il faut croire que vous avez pris un faux numéro. D'ailleurs, ce n'est pas la première fois que vous vous trompez **d'**adresse. **89**

5. Ne **t'arrête pas** devant chaque vitrine, chérie! Tu sais bien que je suis pressé et du reste j'ai déjà acheté ton cadeau d'anniversaire. **88**

6. Si vous aviez pris le métro, comme je vous l'avais conseillé, vous seriez arrivé à temps.

7. Je crois savoir **comment** vous vous y prenez pour lui faire entendre raison. **65**

8. Depuis son divorce, il est toujours de mauvaise humeur. Je n'ose plus lui adresser la parole. **A mon avis**, il devrait prendre des vacances. **102**

9. Vous trouvez aussi que cette ceinture ne **va** pas avec mes bottes? Pourtant c'est fait du même cuir. **91**

10. Contentez-vous de ce que vous avez et cessez de vous plaindre **de** votre sort! Il y a au monde bien des malheureux qui aimeraient être à votre place. **93**

11. Il est possible que je me sois trompé, mais qu'à cela ne tienne, que vous les commandiez ici ou ailleurs, ça reviendrait au même.

12. Et si je vous payais le voyage aller-retour, me serviriez-vous **de** guide? Puisque vous êtes le seul à connaître cette ville. **94**

13. Ils n'ont même pas daigné répondre à mon invitation **quoique** je leur aie téléphoné à deux reprises. **99**

14. Il veut **absolument** savoir pourquoi nous préférons habiter à l'hôtel plutôt que chez lui. Comment voulez-vous que je lui dise la vérité sans le vexer? **97**

15. **Savoir** parler plusieurs langues n'est pas l'affaire de tout le monde. Les moins doués doivent s'armer de beaucoup de persévérance. **64**

Übung 35

1. Où est la poste d'aujourd'hui? Je ne la vois pas sur mon bureau. Voulez-vous demander si le facteur est déjà passé, ce matin?

2. Je ne sais plus où passer mes vacances; au Canada il fait trop froid, en Afrique il fait trop chaud et aux Etats-Unis c'est trop cher.

3. Si vous aimez entendre la musique classique en stéréo, il ne faut pas manquer cette occasion.

4. Je regrette infiniment, mais je n'arrive pas à m'en rappeler, malgré tous mes efforts.

5. Ce que nous pouvons vous dire c'est que notre réponse dépendra de la décision que vous rencontrerez.

6. Figurez-vous que sa femme est de retour depuis plus d'une semaine et il ne l'a même pas aperçu.

7. Dites à cette demoiselle que je ne puis la recevoir pour l'instant, et qu'elle revienne dans un quart d'heure.

8. Si elle s'énerve et ne peut répondre objectivement à vos questions c'est parce qu'elle est très émotionnelle.

9. S'il vous a promis de ne jamais en parler, vous pouvez compter sur lui. Ce n'est pas la personne qui casse sa parole.

10. Il exige qu'on se fie à lui, alors qu'il est le premier à méfier ses meilleurs amis.

11. Il a cru lui faire peur en lui menaçant de son couteau, il ignorait complètement qu'elle était ceinture noire.

12. Mais taisez-vous enfin! C'est la troisième fois, que je vous demande de taire. Vous voyez bien que vous dérangez tout le monde.

13. Je n'exige que deux choses de mes employés: la ponctualité, et qu'ils soient tirés à quatre épingles.

14. Mon mari a besoin de prendre des vacances deux fois dans l'année. C'est une question d'habitude.

15. Vous qui êtes toujours si bien informé; pouvez-vous me dire à quelle heure les astronautes vont atterrir sur la lune?

Lösung 35

1. Où est le **courrier** d'aujourd'hui? Je ne **le** vois pas sur mon bureau. Voulez-vous demander si le facteur est déjà passé, ce matin? **103**

2. Je ne sais plus où passer mes vacances; au Canada il fait trop froid, en Afrique il fait trop chaud et aux Etats-Unis c'est trop cher.

3. Si vous aimez **écouter** la musique classique en stéréo, il ne faut pas manquer cette occasion. **100**

4. Je regrette infiniment, mais je n'arrive pas à m'en **souvenir,** malgré tous mes efforts. **101**

5. Ce que nous pouvons vous dire c'est que notre réponse dépendra de la décision que vous **prendrez**. **92**

6. Figurez-vous que sa femme est de retour depuis plus d'une semaine et il ne **s'en est** même pas aperçu. **95**

7. Dites à cette demoiselle que je ne puis la recevoir pour l'instant, et qu'elle revienne dans un quart d'heure.

8. Si elle s'énerve et ne peut répondre objectivement à vos questions c'est parce qu'elle est très **émotive**. **96**

9. S'il vous a promis de ne jamais en parler, vous pouvez compter sur lui. Ce n'est pas la personne qui **manque** à sa parole. **98**

10. Il exige qu'on se fie à lui, alors qu'il est le premier à **se** méfier **de** ses meilleurs amis. **106**

11. Il a cru lui faire peur en **la** menaçant de son couteau, il ignorait complètement qu'elle était ceinture noire. **107**

12. Mais taisez-vous enfin! C'est la troisième fois que je vous demande de **vous** taire. Vous voyez bien que vous dérangez tout le monde. **108**

13. Je n'exige que deux choses de mes employés: la ponctualité, et qu'ils soient tirés à quatre épingles.

14. Mon mari a besoin de prendre des vacances deux fois **par an**. C'est une question d'habitude. **109**

15. Vous qui êtes toujours si bien informé; pouvez-vous me dire à quelle heure les astronautes vont **alunir**? **110**

Übung 36

1. Combien de pièces de sucre mettez-vous dans votre café? Moi, je n'en mets plus depuis que j'ai décidé de perdre du poids.

2. C'est un mécréant. Il ne croit ni à Dieu ni à ses saints.

3. Comment voulez-vous qu'il s'en souvienne? Il ne vous a écouté que d'une oreille.

4. Si vous cessiez de vous mêler dans les affaires qui ne vous concernent pas, vous n'en seriez pas là.

5. Vous pouvez faire ce que vous voulez. Je vous donne libre main. Pourvu que vous parveniez à obtenir son consentement.

6. Avant de vous dire ce que je pense de vous, permettez que je ferme porte et fenêtres pour que personne ne nous entende.

7. Ne devenez pas impatient! Faites un petit tour et revenez dans un petit quart d'heure.

8. Je suis désespéré, et ma femme encore davantage. Voilà deux mois que Janine est partie et elle n'a pas encore laissé entendre d'elle.

9. Je me refuse de payer tout dommage dû à cet incident causé par votre représentant inexpérimenté.

10. Comment voulez-vous que je fasse des progrès si vous ne m'améliorez pas? Je sais que c'est gênant pour vous, mais profitable pour moi.

11. Ce n'est pas parce que cette enfant gribouille bien qu'il faut croire qu'elle est plus douée que les autres.

12. Il suffit de lui dire que vous venez de moi pour qu'il vous reçoive comme un ami.

13. C'est à ce sapeur-pompier que vous remerciez votre vie. Si vous saviez ce qu'il a lutté pour vous tirer de cet enfer.

14. Il est vraiment capricieux, ce nouveau directeur. Figure-toi qu'il m'a laissée taper cette lettre trois fois.

15. Pourquoi croyez-vous être plus génial? Si vous, vous savez jouer au piano; moi, je sais jouer du poker.

Lösung 36

1. Combien de **morceaux** de sucre mettez-vous dans votre café? Moi, je n'en mets plus depuis que j'ai décidé de perdre du poids. **111**

2. C'est un mécréant. Il ne croit ni **en** Dieu ni **en** ses saints. **112**

3. Comment voulez-vous qu'il s'en souvienne? Il ne vous a écouté que d'une oreille.

4. Si vous cessiez de vous mêler **des** affaires qui ne vous concernent pas, vous n'en seriez pas là. **113**

5. Vous pouvez faire ce que vous voulez. Je vous donne **carte blanche.** Pourvu que vous parveniez à obtenir son consentement. **114**

6. Avant de vous dire ce que je pense de vous, permettez que je ferme porte et fenêtres pour que personne ne nous entende.

7. Ne **vous impatientez** pas! Faites un petit tour et revenez dans un petit quart d'heure. **115**

8. Je suis désespéré, et ma femme encore davantage. Voilà deux mois que Janine est partie et elle n'a pas encore **donné de ses nouvelles.** **116**

9. Je me refuse **à** payer tout dommage dû à cet incident causé par votre représentant inexpérimenté. **117**

10. Comment voulez-vous que je fasse des progrès si vous ne me **corrigez** pas. Je sais que c'est gênant pour vous, mais profitable pour moi. **118**

11. Ce n'est pas parce que cette enfant gribouille bien qu'il faut croire qu'elle est plus douée que les autres.

12. Il suffit de lui dire que vous venez **de ma part** pour qu'il vous reçoive comme un ami. **119**

13. C'est à ce sapeur-pompier que vous **devez** la vie. Si vous saviez ce qu'il a lutté pour vous tirer de cet enfer. **120**

14. Il est vraiment capricieux, ce nouveau directeur. Figure-toi qu'il m'a **fait** taper cette lettre trois fois. **61**

15. Pourquoi croyez-vous être plus génial? Si vous, vous savez jouer **du** piano; moi, je sais jouer **au** poker. **63**

Übung 37

1. Pourrais-tu m'emprunter deux cents francs jusqu'à la fin du mois? Je dois absolument acheter des fleurs à ma femme.

2. Va voir si l'eau bouille, Nicole! Et dis à maman de nous faire un petit café.

3. Mais non, Monsieur, ne vous allez pas! Nous avons d'autres cravates à vous montrer, plus jolies les unes que les autres.

4. Mais, à l'instant même, je vis venir vers moi une ombre menaçante qui me paralysa.

5. Dans la vie il faut essayer d'éviter le mot haïr, non seulement pour la difficulté de son emploi mais aussi parce que qui haït souffre.

6. Votre frère et vous, vous vous ressemblez comment deux gouttes d'eau. J'ai peine à croire que vous n'êtes pas jumeaux.

7. Si vous souhaitez quelque chose, n'hésitez pas à appeler la serveuse; elle se fera un plaisir de vous rendre service.

8. Ah! Non, ça suffit! Si vous n'êtes pas content, prenez vos affaires et partez!

9. J'étais assis parmi mes deux meilleurs amis quand il arriva, tout heureux, pour m'annoncer la bonne nouvelle.

10. Vous avez votre permis de conduire, certes; mais vous n'allez pas me dire que vous savez conduire avec ce gros pansement autour du bras.

11. Ils nous ont remerciés de la réception que nous avons réservée à leur représentant, et ont promis d'en faire autant à notre agent quand il ira à Paris.

12. Nous venons de fixer un rendez-vous pour aujourd'hui après-midi. Voulez-vous venir avec nous?

13. Il a descendu l'escalier quatre à quatre, oubliant ses gants et son parapluie.

14. J'ai vivé les meilleures années de ma jeunesse, dans une petite ferme normande.

15. Si vous voulez qu'il tolère votre présence, ne le contredites pas!

Lösung 37

1. Pourrais-tu **me prêter** deux cents francs jusqu'à la fin du mois? Je dois absolument acheter des fleurs à ma femme. **66**

2. Va voir si l'eau **bout**, Nicole! Et dis à maman de nous faire un petit café. **75**

3. Mais non, Monsieur, ne vous **en** allez pas! Nous avons d'autres cravates à vous montrer, plus jolies les unes que les autres. **69**

4. Mais, à l'instant même, je vis venir vers moi une ombre menaçante qui me paralysa.

5. Dans la vie il faut essayer d'éviter el mot haïr, non seulement pour la difficulté de son emploi mais aussi parce que qui **hait** souffre. **71**

6. Votre frère et vous, vous vous ressemblez **comme** deux gouttes d'eau. J'ai peine à croire que vous n'êtes pas jumeaux. **65**

7. Si vous **désirez** quelque chose, n'hésitez pas à appeler la serveuse; elle se fera un plaisir de vous rendre service. **68**

8. Ah! Non, ça suffit! Si vous n'êtes pas content, prenez vos affaires et partez!

9. J'étais assis **entre** mes deux meilleurs amis quand il arriva, tout heureux, pour m'annoncer la bonne nouvelle. **62**

10. Vous avez votre permis de conduire, certes; mais vous n'allez pas me dire que vous **pouvez** conduire avec ce gros pansement autour du bras. **64**

11. Ils nous ont remerciés de **l'accueil** que nous avons réservé à leur représentant, et ont promis d'en faire autant à notre agent quand il ira à Paris. **67**

12. Nous venons de fixer un rendez-vous pour **cet** après-midi. Voulez-vous venir avec nous? **70**

13. Il a descendu l'escalier quatre à quatre, oubliant ses gants et son parapluie.

14. J'ai **vécu** les meilleures années de ma jeunesse, dans une petite ferme normande. **72**

15. Si vous voulez qu'il tolère votre présence, ne le **contredisez** pas! **74**

Übung 38

1. Pierre a acquéri de très bonnes connaissances de l'allemand, depuis son séjour à Berlin.

2. Ce matin, nous avons eu plus de quinze degrés sous zéro.

3. Elle le regarda de bas en haut, d'un œil critique, comme si elle cherchait à l'intimider.

4. Quelle robe as-tu choisie? La bleue ou la verte? A mon avis la bleue passera mieux avec ton manteau.

5. Si vous conduisez aussi vite avec ce verglas, vous finirez par vous retrouver dans le fossé.

6. J'ai essayé de le convaincre par tous les moyens, mais en vain. Entêté comme il est, vous n'arriverez jamais à lui faire entendre raison.

7. Si mon futur dépendait de cet examen, je crois bien que vous auriez été le premier à me le faire passer.

8. Ils se sont laissé divorcer parce qu'il ne voulait pas cesser de boire et qu'elle ne voulait pas cesser de fumer.

9. Vous vous rendez compte? A son âge, abandonner femme et enfants pour marier la fille de son meilleur ami.

10. Tâchez de nous visiter avant votre départ. Les enfants, et surtout ma femme, en seraient très heureux.

11. J'ai fait ce que j'ai fait et je ne pense pas avoir fait du mal, pour devoir m'en repentir.

12. Aussitôt que le traité entrera en force, les frontières s'ouvriront et la paix régnera enfin dans ce pays ravagé par tant d'années de guerre.

13. Pouvez-vous me changer dix francs? J'ai besoin de deux pièces d'un franc pour prendre des tickets de quai.

14. Restez debout! Je vous demande de rester debout, sinon je tire.

15. Il éprouvait un plaisir immense à se tromper dans les portes, jusqu'au jour où il se retrouva face à face avec deux cambrioleurs qui le prirent comme otage.

Lösung 38

1. Pierre a **acquis** de très bonnes connaissances de l'allemand, depuis son séjour à Berlin. **73**

2. Ce matin, nous avons eu plus de quinze degrés **au-dessous** de zéro. **81**

3. Elle le regarda de bas en haut, d'un œil critique, comme si elle cherchait à l'intimider.

4. Quelle robe as-tu choisie? La bleue ou la verte? A mon avis la bleue **ira** mieux avec ton manteau. **91**

5. Si vous **roulez** aussi vite avec ce verglas, vous finirez par vous retrouver dans le fossé. **85**

6. J'ai essayé de le convaincre par tous les moyens, mais en vain. Entêté comme il est, vous n'arriverez jamais à lui faire entendre raison.

7. Si mon **avenir** dépendait de cet examen, je crois bien que vous auriez été le premier à me le faire passer. **90**

8. Ils **ont** divorcé parce qu'il ne voulait pas cesser de boire et qu'elle ne voulait pas cesser de fumer. **86**

9. Vous vous rendez compte? A son âge, abandonner femme et enfants pour **épouser** la fille de son meilleur ami. **82**

10. Tâchez de **venir nous voir** avant votre départ. Les enfants, et surtout ma femme, en seraient très heureux. **84**

11. J'ai fait ce que j'ai fait et je ne pense pas avoir fait du mal, pour devoir m'en repentir.

12. Aussitôt que le traité entrera **en vigueur**, les frontières s'ouvriront et la paix régnera enfin dans ce pays ravagé par tant d'années de guerre. **87**

13. Pouvez-vous me **faire la monnaie** de dix francs? J'ai besoin de deux pièces d'un franc pour prendre des tickets de quai. **83**

14. **Arrêtez-vous!** Je vous demande de **vous arrêter**, sinon je tire. **88**

15. Il éprouvait un plaisir immense à se tromper **de** portes, jusqu'au jour où il se retrouva face à face avec deux cambrioleurs qui le prirent comme otage. **89**

Übung 39

1. Au contraire des Anglais et des Français, les Allemands parlent au moins une langue étrangère.

2. «Continuez!» nous a-t-il dit. Je viendrai après au plus tard dans une demi-heure. Espérons qu'il ne lui est rien arrivé.

3. Remplis ton assiette après et après, Michel! Tu sais bien que maman n'aime pas que tu y laisses quelque chose.

4. Ce ne sont que des enfants. Ne leur tenez pas rigueur de ce qu'ils ont pu dire. A cet âge-là on ne sait pas trop ce que l'on fait.

5. Le plus on s'approchait du sommet, le plus celui-ci nous paraissait infranchissable. Quelle endurance il faut pour ne pas rebrousser chemin!

6. Il est étonnant qu'il nous croise ainsi sans nous saluer! Il peut-être qu'il ne nous ait pas vus.

7. En principe, toutes les propositions que vous m'avez faites m'intéressent; il faut simplement que je pèse le pour et le contre avant de rencontrer une décision définitive.

8. Voyant qu'elle ne se donnait même pas la peine de le comprendre, il a préféré se retirer, sans lui dire adieu.

9. Le soir, je préfère rester chez moi à lire le journal et à entendre la radio, alors que ma femme tricote ou brode dans son fauteuil.

10. Il ne sera jamais reçu à son examen. Il lui manque de l'assiduité, de l'application et surtout de la persévérance.

11. «Voulez-vous signer la poste d'aujourd'hui Monsieur le Directeur?» demande la secrétaire à son patron absorbé par une affaire fort préoccupante.

12. La fortune vient en dormant, dit-il à sa femme qui tentait de le réveiller à six heures du matin.

13. Ne soyez pas si émotionnel si vous voulez que l'on vous prenne au sérieux et que l'on vous obéisse.

14. Pourvu qu'il ne pleuve pas. Je dois partout aller à la poste et je n'ai pas de parapluie.

15. Mais enfin pour qui me tenez-vous? Faut-il vraiment que je vous fasse un dessin pour vous prouver que j'ai compris?

Lösung 39

1. **Contrairement aux** Anglais et **aux** Français, les Allemands parlent au moins une langue étrangère. **76**

2. «Continuez!» nous a-t-il dit. Je vous **rejoins** au plus tard dans une demi-heure. Espérons qu'il ne lui est rien arrivé. **79**

3. Remplis ton assiette **au fur et à mesure**, Michel! Tu sais bien que maman n'aime pas que tu y laisses quelque chose. **77**

4. Ce ne sont que des enfants. Ne leur tenez pas rigueur de ce qu'ils ont pu dire. A cet âge-là on ne sait pas trop ce que l'on fait.

5. **Plus** on s'approchait du sommet, **plus** celui-ci nous paraissait infranchissable. Quelle endurance il faut pour ne pas rebrousser chemin. **78**

6. Il est étonnant qu'il nous croise ainsi sans nous saluer! **Il se peut** qu'il ne nous ait pas vus. **80**

7. En principe, toutes les propositions que vous m'avez faites m'intéressent; il faut simplement que je pèse le pour et le contre avant de **prendre** une décision définitive. **92**

8. Voyant qu'elle ne se donnait même pas la peine de le comprendre, il a préféré se retirer, sans lui dire adieu.

9. Le soir, je préfère rester chez moi à lire le journal et à **écouter** la radio, alors que ma femme tricote ou brode dans son fauteuil. **100**

10. Il ne sera jamais reçu à son examen. Il manque **d'**assiduité, **d'**application et surtout **de** persévérance. **98**

11. «Voulez-vous signer **le courrier** d'aujourd'hui, Monsieur le Directeur?» demande la secrétaire à son patron absorbé par une affaire fort préoccupante. **103**

12. La fortune vient en dormant, dit-il à sa femme qui tentait de le réveiller à six heures du matin.

13. Ne soyez pas si **émotif** si vous voulez que l'on vous prenne au sérieux et que l'on vous obéisse. **96**

14. Pourvu qu'il ne pleuve pas. Je dois **absolument** aller à la poste et je n'ai pas de parapluie. **97**

15. Mais enfin pour qui me **prenez**-vous? Faut-il vraiment que je vous fasse un dessin pour vous prouver que j'ai compris? **104**

Übung 40

1. Il faut que je vous quitte dans une heure au plus tard. Je dois chercher ma sœur à la gare.

2. Je vous l'ai dit et je vous le répète. Le résultat ne sera pas satisfaisant. J'espère que vous ne vous plaindrez pas.

3. Dis-moi la vérité, Pilou! Tu sais bien que je n'aime pas les mensonges; je l'apercevrai.

4. Ce n'est pas par modestie que je refuse de vous servir comme interprète, mais par crainte que mes connaissances ne me jouent de vilains tours.

5. Au bout de cinq minutes, après avoir entendu son exposé, j'ai compris à qui j'avais affaire et j'ai refusé de signer le contrat.

6. Malgré que nous soyons bons amis, nous évitons de lui en parler pour ne pas le vexer.

7. Je suis certain d'avoir vu ce film avec toi. Comment oses-tu me contredire et m'affirmer que tu ne te le souviens plus.

8. Comment aurais-je dû agir, d'après votre opinion? Aurais-je dû simplement lui dire que sa compagnie me déplaisait?

9. Quoique le travail soit parfois difficile, pénible même, je l'accomplirai, ne serait-ce que pour vous faire plaisir.

10. Je suis désolé d'avoir perdu la patience et d'être parti sans vous avertir; j'étais à bout de nerfs.

11. Je remercie tout à mes voisins. Si ce n'étaient pas eux qui m'avaient adopté, j'aurais certainement passé mes plus belles années dans un internat.

12. Un professeur qui améliore sans arrêt son élève oublie souvent qu'il freine la conversation et que l'intérêt de l'élève diminue.

13. Il est bien drôle votre collègue, qu'est-ce qu'il nous a fait rire, hier soir. A un moment, j'ai cru étouffer.

14. Et, au tournant de la rue, il se planta devant nous. «La bourse ou la vie!» cria-t-il en nous menaçant avec son couteau.

15. Eux, au moins, ils ont de la chance. Ils partent en vacances quatre fois dans l'année. Il faut dire qu'ils ont les moyens.

Lösung 40

1. Il faut que je vous quitte dans une heure au plus tard. Je dois **aller chercher** ma sœur à la gare. **105**

2. Je vous l'ai dit et je vous le répète. Le résultat ne sera pas satisfaisant. J'espère que vous ne vous **en** plaindrez pas. **93**

3. Dis-moi la vérité, Pilou! Tu sais bien que je n'aime pas les mensonges; je **m'en** apercevrai. **95**

4. Ce n'est pas par modestie que je refuse de vous servir **d'**interprète, mais par crainte que mes connaissances ne me jouent de vilains tours. **94**

5. Au bout de cinq minutes, après avoir entendu son exposé, j'ai compris à qui j'avais affaire et j'ai refusé de signer le contrat.

6. **Quoique** nous soyons bons amis, nous évitons de lui en parler pour ne pas le vexer. **99**

7. Je suis certain d'avoir vu ce film avec toi. Comment oses-tu me contredire et m'affirmer que tu ne **t'en** souviens plus. **101**

8. Comment aurais-je dû agir **à votre avis**? Aurais-je dû simplement lui dire que sa compagnie me déplaisait? **102**

9. Quoique le travail soit parfois difficile, pénible même, je l'accomplirai, ne serait-ce que pour vous faire plaisir.

10. Je suis désolé d'avoir perdu **patience** et d'être parti sans vous avertir; j'étais à bout de nerfs. **115**

11. Je **dois** tout à mes voisins. Si ce n'étaient pas eux qui m'avaient adopté, j'aurais certainement passé mes plus belles années dans un internat. **120**

12. Un professeur qui **corrige** sans arrêt son élève oublie souvent qu'il freine la conversation et que l'intérêt de l'élève diminue. **118**

13. Il est bien drôle votre collègue, qu'est-ce qu'il nous a fait rire, hier soir. A un moment, j'ai cru étouffer.

14. Et, au tournant de la rue, il se planta devant nous. «La bourse ou la vie!» cria-t-il en nous menaçant **de** son couteau. **107**

15. Eux, au moins, ils ont de la chance. Ils partent en vacances quatre fois **par an**. Il faut dire qu'ils ont les moyens. **109**

Übung 41

1. Appelez vite un médecin! Dites-lui que monsieur Leroy a tenté de se suicider. Dites-lui qu'il y va de sa vie.

2. Je regrette infiniment de devoir refuser son offre, mais vous comprendrez aisément que je suis incapable de lui fier, après tout ce qu'il m'a fait.

3. Vous seriez bien gentil de ne pas vous mêler dans nos affaires si vous ne voulez pas qu'on se mêle dans les vôtres.

4. Je suis très heureux de les savoir en bonne santé; quoiqu'ils n'aient rien laissé entendre d'eux depuis des mois.

5. Il n'a pas cessé de pleuvoir depuis deux jours. Si ça continue, les récoltes seront bonnes à jeter.

6. Il est souvent difficile de taire quand on s'entend traiter injustement.

7. Il est hors de doute que le témoin ait dit toute la vérité. Aussi, mérite-t-il qu'on le traite avec moins de mépris.

8. Pour finir, je prendrais bien une petite pièce de tarte aux pommes, un café noir et une Chartreuse verte.

9. Désormais, je ne vous ferai plus aucune remarque. Je vous donne libre main, et vous prie d'agir en conséquence.

10. Moi, je vous conseille de prendre l'avion, si vous ne voulez pas être agacé par un horaire invraisemblable.

11. Y a-t-il quelqu'un parmi vous qui connaisse le nom du premier astronaute qui a atterri sur la lune?

12. Il s'est refusé d'examiner notre offre, quoique nous lui ayons accordé quinze pour cent de réduction.

13. Je ne comprends pas qu'à son âge, on puisse encore croire le Père Noël.

14. Si vous voulez être bien servi, dites-lui que vous venez de moi. Il a toujours une petite table réservée pour ses amis.

15. Dans le futur, soyez certain que je n'aurai pas autant de patience et de bonne volonté.

Lösung 41

1. Appelez vite un médezin! Dites-lui que monsieur Leroy a tenté de se suicider. Dites-lui qu'il y va de sa vie.

2. Je regrette infiniment de devoir refuser son offre, mais vous comprendrez aisément que je suis incapable **de me fier à lui**, après tout ce qu'il m'a fait. **106**

3. Vous seriez bien gentil de ne pas vous mêler **de** nos affaires si vous ne voulez pas qu'on se mêle **des** vôtres. **113**

4. Je suis très heureux de les savoir en bonne santé; quoiqu'ils n'aient **pas donné de leurs nouvelles** depuis des mois. **116**

5. Il n'a pas cessé de pleuvoir depuis deux jours. Si ça continue, les récoltes seront bonnes à jeter.

6. Il est souvent difficile **de se taire** quand on s'entend traiter injustement. **108**

7. Il est hors de doute que le témoin **a** dit toute la vérité. Aussi, mérite-t-il qu'on le traite avec moins de mépris. **41**

8. Pour finir, je prendrais bien **un petit morceau** de tarte aux pommes, un café noir et une Chartreuse verte. **111**

9. Désormais, je ne vous ferai plus aucune remarque. Je vous donne **carte blanche**, et vous prie d'agir en conséquence. **114**

10. Moi, je vous conseille de prendre l'avion, si vous ne voulez pas être agacé par un horaire invraisemblable.

11. Y a-t-il quelqu'un parmi vous qui connaisse le nom du premier astronaute qui a **aluni**? **110**

12. Il s'est refusé **à** examiner notre offre, quoique nous lui ayons accordé quinze pour cent de réduction. **117**

13. Je ne comprends pas qu'à son âge, on puisse encore croire **au** Père Noël. **112**

14. Si vous voulez être bien servi, dites-lui que vous venez **de ma part**. Il a toujours une petite table réservée pour ses amis. **119**

15. **A l'avenir**, soyez certain que je n'aurai pas autant de patience et de bonne volonté. **90**

Übung 42

1. Au contraire de ce que vous m'avez dit, et d'après les renseignements qui m'ont été fournis, votre fils gagne plus de mille francs par mois.

2. Notre représentant vous visitera sans doute vers la mi-février, pour vous présenter la nouvelle collection de prêt-à-porter.

3. Au besoin, je demanderai à ma femme de vous prêter son dictionnaire.

4. Comment fait-il pour ne pas remarquer que c'est la troisième fois qu'il change son avis en un quart d'heure.

5. Il est interdit de conduire à plus de 130 km/heure sur les autoroutes allemandes. J'espère que vous finirez par vous y habituer.

6. Je vous expliquerai toutes ces règles grammaticales, après et après. Vous aurez alors beaucoup plus de facilités à les assimiler.

7. Il voulait épouser sa fille à un riche banquier. Comment peut-on de nos jours vouloir encore décider du bonheur de ses enfants?

8. Je n'aurais jamais cru qu'il refuserait de vous recevoir, surtout après lui avoir dit que vous veniez de ma part.

9. Après quinze ans de ménage heureux, ils ont décidé de se laisser divorcer et de refaire leur vie, chacun à sa manière.

10. Le plus il me rappelle ma promesse le plus j'ai envie de ne pas la tenir.

11. Savez-vous qu'en Sibérie il fait parfois plus de quarante degrés sous zéro?

12. En dépit du cessez-le-feu et de tous les efforts déployés pour le faire respecter, la nouvelle loi n'entrera en force qu'après signature du traité de paix.

13. Voulez-vous continuer avec M. Leroy? Je viendrai après aussitôt que j'aurai terminé de dicter ce procès verbal.

14. Le travail c'est la santé, ne rien faire, c'est la conserver, a-t-il dit en exigeant son allocation de chômage.

15. Il peut être qu'il ait voulu m'impressionner; en tout cas il n'a pas cessé de me parler de ses aventures.

Lösung 42

1. **Contrairement à** ce que vous m'avez dit, et d'après les renseignements qui m'ont été fournis, votre fils gagne plus de mille francs par mois. **76**

2. Notre représentant **ira** sans doute vous **voir** vers la mi-février, pour vous présenter la nouvelle collection de prêt-à-porter. **84**

3. Au besoin, je demanderai à ma femme de vous prêter son dictionnaire.

4. Comment fait-il pour ne pas remarquer que c'est la troisième fois qu'il change **d'**avis en un quart d'heure. **83**

5. Il est interdit de **rouler** à plus de 130 km/heure sur les autoroutes allemandes. J'espère que vous finirez par vous y habituer. **85**

6. Je vous expliquerai toutes ces règles grammaticales, **au fur et à mesure**. Vous aurez alors beaucoup plus de facilités à les assimiler. **77**

7. Il voulait **marier** sa fille à un riche banquier. Comment peut-on de nos jours vouloir encore décider du bonheur de ses enfants? **82**

8. Je n'aurais jamais cru qu'il refuserait de vous recevoir, surtout après lui avoir dit que vous veniez de ma part.

9. Après quinze ans de ménage heureux, ils ont décidé **de divorcer** et de refaire leur vie, chacun à sa manière. **86**

10. **Plus** il me rappelle ma promesse, **plus** j'ai envie de ne pas la tenir. **78**

11. Savez-vous qu'en Sibérie il fait parfois plus de quarante degrés **au-dessous** de zéro? **81**

12. En dépit du cessez-le-feu et de tous les efforts déployés pour le faire respecter, la nouvelle loi n'entrera **en vigueur** qu'après signature du traité de paix. **87**

13. Voulez-vous continuer avec M. Leroy? Je **vous rejoindrai** aussitôt que j'aurai terminé de dicter ce procès verbal. **79**

14. Le travail c'est la santé, ne rien faire, c'est la conserver, a-t-il dit en exigeant son allocation de chômage.

15. **Il se peut** qu'il ait voulu m'impressionner; en tout cas il n'a pas cessé de me parler de ses aventures. **80**

Übung 43

1. Elle a voulu partout savoir avec qui vous sortiez et j'ai bien été obligée de lui dire la vérité. Cela l'a beaucoup vexée.

2. Ce n'est pas parce que les deux robes te passent bien que je vais te les acheter toutes les deux.

3. N'essayez surtout pas de me faire croire le contraire! Vous savez bien que j'aurai vite fait de l'apercevoir.

4. Je présume que vous vous êtes trompé dans le jour. Ce n'est d'ailleurs pas la première fois que vous arrivez à l'improviste.

5. Que devrais-je lui répondre, à votre avis, s'il me demandait de lui servir comme guide?

6. Je me ferais un plaisir, de vous faire déguster les meilleurs vins que j'ai sélectionnés depuis des années.

7. Si tu restes debout devant chaque vitrine, je finirai par croire que tu veux m'offrir quelque chose.

8. Non seulement il n'a pas assez de temps, mais en plus il lui manque l'argent. Comment voulez-vous donc le convaincre de vous suivre?

9. On m'a appris à peser le pour et le contre avant de rencontrer une décision importante. Et c'est un principe que je recommanderai toujours à ceux qui veulent agir en bonne conscience.

10. Ce pauvre monsieur n'arrivera jamais à se faire respecter. Il est tellement émotionnel qu'on ne prend plus ses menaces au sérieux.

11. Toutes les secrétaires que j'ai engagées jusqu'à présent manquaient d'initiative. C'est la première dont je suis satisfait.

12. Malgré je lui aie dit de ne pas s'adresser au directeur avant de me consulter, il ne m'a pas écouté.

13. Avec la crise, ce sont surtout les ménagères qui voient l'inflation se développer. Elles se plaignent d'ailleurs constamment sur la hausse des prix.

14. Il passe tout son temps à entendre les disques que tu lui as offerts pour le jour de l'an.

15. Vous devez prendre ces pillules six fois par jour; avant et après chaque repas.

Lösung 43

1. Elle a voulu **absolument** savoir avec qui vous sortiez et j'ai bien été obligée de lui dire la vérité. Cela l'a beaucoup vexée.   97

2. Ce n'est pas parce que les deux robes te **vont** bien que je vais te les acheter toutes les deux.   91

3. N'essayez surtout pas de me faire croire le contraire! Vous savez bien que j'aurai vite fait de **m'en** apercevoir.   95

4. Je présume que vous vous êtes trompé **de** jour. Ce n'est d'ailleurs pas la première fois que vous arrivez à l'improviste.   89

5. Que devrais-je lui répondre, à votre avis, s'il me demandait de lui servir **de** guide?   94

6. Je me ferais un plaisir, de vous faire déguster les meilleurs vins que j'ai sélectionnés depuis des années.

7. Si tu **t'arrêtes** devant chaque vitrine, je finirai par croire que tu veux m'offrir quelque chose.   88

8. Non seulement il n'a pas assez de temps, mais en plus il **manque** d'argent. Comment voulez-vous donc le convaincre de vous suivre?   98

9. On m'a appris à peser le pour et le contre avant de **prendre** une décision importante. Et c'est un principe que je recommanderai toujours à ceux qui veulent agir en bonne conscience.   92

10. Ce pauvre monsieur n'arrivera jamais à se faire respecter. Il est tellement **émotif** qu'on ne prend plus ses menaces au sérieux.   96

11. Toutes les secrétaires que j'ai engagées jusqu'à présent manquaient d'initiative. C'est la première dont je suis satisfait.

12. **Quoique** je lui aie dit de ne pas s'adresser au directeur avant de me consulter, il ne m'a pas écouté.   99

13. Avec la crise, ce sont surtout les ménagères qui voient l'inflation se développer. Elles se plaignent d'ailleurs constamment **de la** hausse des prix.   93

14. Il passe tout son temps à **écouter** les disques que tu lui as offerts pour le jour de l'an.   100

15. Vous devez prendre ces pillules six fois par jour; avant et après chaque repas.

Übung 44

1. Si vous lui aviez fait vos excuses plus tôt, il vous aurait certainement pardonné. Maintenant, il est trop tard.

2. C'est moi-même qui lui ai montré la lettre, et il prétend ne plus se souvenir. Si seulement je savais de quoi il a peur.

3. Il méfie tout le monde et en connaissance de cause! Il est bien connu que bon nombre de ses affaires ne sont pas très honnêtes.

4. Il doit avoir beaucoup de temps à perdre pour pouvoir laver si souvent sa voiture.

5. Monsieur le Directeur vient de téléphoner. Il veut qu'on dise à son chauffeur de le chercher à l'aéroport.

6. Il fut condamné à trois mois de prison avec sursis pour avoir menacé sa femme avec un pistolet en bois.

7. Une fois de plus, les Russes ont atterri sur l'océan Pacifique, en pleine zone territoriale.

8. Après mon avis, il n'est pas très prudent de faire de l'auto-stop, mais je vous parais sûrement démodée, n'est-ce pas?

9. Comment voulez-vous qu'il perde du poids? Je lui ai conseillé d'aller à la piscine au moins une fois dans la semaine, mais il préfère son lit m'a-t-il répondu.

10. Cessez de vous plaindre et remerciez-le de vous avoir pardonné tant de bêtises.

11. A quoi bon l'inviter? Si seulement il pouvait taire de temps en temps pour laisser, à la rigueur, parler les autres.

12. Tous les matins, elle attend la poste avec impatience. Son fils lui envoie très rarement de ses nouvelles.

13. J'ai pris mon petit déjeuner à sept heures et à midi j'ai mangé une petite pièce de pain avec du fromage.

14. S'il est vrai que tous les Ecossais croient en des fantômes et aux revenants; pourquoi vous, vous ne croyez même pas au Saint Esprit?

15. A la vitesse qu'il roule, il va finir par se retrouver dans un fossé. Depuis qu'il a passé son permis de conduire, il se tient pour un aviateur.

Lösung 44

1. Si vous lui aviez fait vos excuses plus tôt, il vous aurait certainement pardonné. Maintenant, il est trop tard.

2. C'est moi-même qui lui ai montré la lettre, et il prétend ne plus **s'en** souvenir. Si seulement je savais de quoi il a peur. **101**

3. Il **se** méfie **de** tout le monde et en connaissance de cause! Il est bien connu que bon nombre de ses affaires ne sont pas très honnêtes. **106**

4. Il doit avoir beaucoup de temps à perdre pour pouvoir laver si souvent sa voiture.

5. Monsieur le Directeur vient de téléphoner. Il veut qu'on dise à son chauffeur **d'aller le chercher** à l'aéroport. **105**

6. Il fut condamné à trois mois de prison avec sursis pour avoir menacé sa femme **d'un** pistolet en bois. **107**

7. Une fois de plus, les Russes ont **amerri** sur l'océan Pacifique, en pleine zone territoriale. **110**

8. **A mon avis**, il n'est pas très prudent de faire de l'auto-stop, mais je vous parais sûrement démodée, n'est-ce pas? **102**

9. Comment voulez-vous qu'il perde du poids? Je lui ai conseillé d'aller à la piscine au moins une fois **par** semaine, mais il préfère son lit m'a-t-il répondu. **109**

10. Cessez de vous plaindre et remerciez-le de vous avoir pardonné tant de bêtises.

11. A quoi bon l'inviter? Si seulement il pouvait **se** taire de temps en temps pour laisser, à la rigueur, parler les autres. **108**

12. Tous les matins, elle attend **le courrier** avec impatience. Son fils lui envoie très rarement de ses nouvelles. **103**

13. J'ai pris mon petit déjeuner à sept heures et à midi j'ai mangé **un petit morceau** de pain avec du fromage. **111**

14. S'il est vrai que tous les Ecossais croient **aux** fantômes et aux revenants; pourquoi vous, vous ne croyez même pas au Saint Esprit? **112**

15. A la vitesse qu'il roule, il va finir par se retrouver dans un fossé. Depuis qu'il a passé son permis de conduire, il se **prend** pour un aviateur. **104**

Übung 45

1. A votre place, je n'aurais jamais refusé à faire une traduction aussi intéressante, à moins que les délais imposés ne soient trop courts.

2. Je me demande s'il ne vaudrait pas mieux lui dire, purement et simplement, que nous n'apprécions pas trop ses coups de tête.

3. Ils sont déménagés de crainte que les cambrioleurs ne s'attaquent à leur maison, comme ils l'ont déjà fait à trois reprises.

4. Après trois ans de querelles insupportables, j'ai réussi enfin à faire comprendre à ma belle mère qu'elle n'avait pas à se mêler dans nos affaires.

5. Combien est-ce que je vous suis coupable? C'est la troisième fois que vous m'offrez l'apéritif.

6. Dans l'article de ce critique, les paroles moqueuses et acides révèlent en réalité un caractère particulièrement méchant et curieux.

7. Un bon professeur doit toujours améliorer les fautes de ses élèves. Quitte à les interrompre sans arrêt.

8. Personne n'arrivera à prouver que ce monstre existe réellement. Aussi vous pas qui êtes spécialiste en ce domaine.

9. Je suis disposé à vous donner libre main, à condition que vous soyez digne de ma confiance et que vous ne me déceviez jamais.

10. Je leur ai répondu que je comprenais parfaitement leur point de vue et qu'en principe j'étais d'accord avec leurs propositions.

11. Remettez-lui le bonjour de moi et dites-lui que je ne manquerai pas de passer le voir dès mon retour.

12. Je regrette infiniment que ce chapeau ne soit pas après ton goût, mais je me console à l'idée que tu es la seule à qui il ne plaise pas.

13. Il n'est pas de ceux qui perdent la patience. Au contraire, plus ça devient délicat, plus il redouble de maîtrise et de persévérance.

14. Je ne crois pas qu'il soit intéressé par votre offre. Il m'a plutôt fait entendre qu'elle n'était pas la meilleure; ou au moins qu'il en attendait d'autres plus favorables.

15. Te voilà, toi! N'as-tu pas honte de causer autant de soucis à tes parents? Pourquoi n'as-tu rien laissé entendre de toi, depuis ton départ?

Lösung 45

1. A votre place, je n'aurais jamais refusé **de** faire une traduction aussi intéressante, à moins que les délais imposés ne soient trop courts. **117**

2. Je me demande s'il ne vaudrait pas mieux lui dire, purement et simplement, que nous n'apprécions pas trop ses coups de tête.

3. Ils **ont** déménagé de crainte que les cambrioleurs ne s'attaquent à leur maison, comme ils l'ont déjà fait à trois reprises. **121**

4. Après trois ans de querelles insupportables, j'ai réussi enfin à faire comprendre à ma belle mère qu'elle n'avait pas à se mêler **de** nos affaires. **113**

5. Combien est-ce que je vous **dois**? C'est la troisième fois que vous m'offrez l'apéritif. **120**

6. Dans l'article de ce critique, les paroles moqueuses et acides révèlent en réalité un caractère particulièrement méchant et curieux.

7. Un bon professeur doit toujours **corriger** les fautes de ses élèves. Quitte à les interrompre sans arrêt. **118**

8. Personne n'arrivera à prouver que ce monstre existe réellement. **Pas même vous** qui êtes spécialiste en ce domaine. **122**

9. Je suis disposé à vous donner **carte blanche**, à condition que vous soyez digne de ma confiance et que vous ne me déceviez jamais. **114**

10. Je leur ai répondu que je comprenais parfaitement leur point de vue et qu'en principe j'étais d'accord avec leurs propositions.

11. Remettez-lui le bonjour **de ma part** et dites-lui que je ne manquerai pas de passer le voir dès mon retour. **119**

12. Je regrette infiniment que ce chapeau ne soit pas **à** ton goût, mais je me console à l'idée que tu es la seule à qui il ne plaise pas. **123**

13. Il n'est pas de ceux qui **perdent patience**. Au contraire, plus ça devient délicat, plus il redouble de maîtrise et de persévérance. **115**

14. Je ne crois pas qu'il soit intéressé par votre offre. Il m'a plutôt fait entendre qu'elle n'était pas la meilleure; ou **du** moins qu'il en attendait d'autres plus favorables. **124**

15. Te voilà, toi! N'as-tu pas honte de causer autant de soucis à tes parents? Pourquoi n'as-tu pas **donné de tes nouvelles** depuis ton départ? **116**

Übung 46

1. Il va me faire fou s'il ne cesse pas de me poser les mêmes questions, plus bêtes les unes que les autres.

2. Nous avons passé tout le matin à la plage. Il faisait un temps magnifique. Et la mer était calme et lisse comme un miroir.

3. Au moment, il faut vous contenter de ce qu'il vous offre si vous ne voulez pas risquer qu'il vous licencie.

4. Le combien avons-nous aujourd'hui? Le deux ou le trois avril?

5. Il est entré en coup de vent et après deux minutes il s'en est allé sans avoir rien mangé. C'est à peine si j'ai pu le retenir pour l'apéritif.

6. Il ne parle pas français et je ne parle pas allemand, par conséquence, nous avons décidé de prendre un interprète.

7. Je n'attendais pas une telle réaction de sa part. C'est d'ailleurs la première fois qu'il me déçoit.

8. Adressez-vous plutôt à sa femme, mais ne lui dites pas que vous venez de ma part, autrefois elle ne vous recevra pas.

9. A partir de l'année prochaine vous aurez droit à quatre semaines de congés payés, mais encore faut-il que vous les preniez en automne.

10. Je dois partir au Japon dans quelques jours. Il va falloir que je fasse une demande de visa, et surtout que je me fasse vacciner.

11. Ferme la porte, Cathie! Tu vois bien que ça tire.

12. Il a bien vu que son comportement m'indisposait mais, comme si rien ne se serait passé, il m'offrit une cigarette d'un sourire narquois.

13. Contrairement aux années précédentes la mode actuelle met l'accent sur les couleurs et les formes qui passent ensemble.

14. J'ai pris l'habitude, pour les questions d'argent, de m'adresser à sa femme qui s'y connaît mieux que lui.

15. Non, mon fils, ce n'est pas le soleil qui se tourne autour de la terre, c'est la terre qui se tourne autour du soleil.

Lösung 46

1. Il va me **rendre** fou s'il ne cesse pas de me poser les mêmes questions, plus bêtes les unes que les autres. **132**

2. Nous avons passé toute **la matinée** à la plage. Il faisait un temps magnifique. Et la mer était calme et lisse comme un miroir. **127**

3. **Pour le moment**, il faut vous contenter de ce qu'il vous offre, si vous ne voulez pas risquer qu'il vous licencie. **133**

4. Le combien **sommes**-nous aujourd'hui? Le deux ou le trois avril? **128**

5. Il est entré en coup de vent et après deux minutes il s'en est allé sans avoir rien mangé. C'est à peine si j'ai pu le retenir pour l'apéritif.

6. Il ne parle pas français et je ne parle pas allemand, par **conséquent**, nous avons décidé de prendre un interprète. **126**

7. Je ne **m'attendais pas à** une telle réaction de sa part. C'est d'ailleurs la première fois qu'il me déçoit. **134**

8. Adressez-vous plutôt à sa femme, mais ne lui dites surtout pas que vous venez de ma part, **autrement** elle ne vous recevra pas. **129**

9. A partir de l'année prochaine vous aurez droit à quatre semaines de congés payés, mais encore faut-il que vous les preniez en automne.

10. Je dois partir **pour le** Japon dans quelques jours. Il va falloir que je fasse une demande de visa, et surtout que je me fasse vacciner. **125**

11. Ferme la porte, Cathie! Tu vois bien qu'il y a un **courant d'air**. **135**

12. Il a bien vu que son comportement m'indisposait mais, comme **si de rien n'était**, il m'offrit une cigarette d'un sourire narquois. **130**

13. Contrairement aux années précédentes la mode actuelle met l'accent sur les couleurs et les formes qui **vont** ensemble. **91**

14. J'ai pris l'habitude, pour les questions d'argent, de m'adresser à sa femme qui s'y connaît mieux que lui.

15. Non, mon fils, ce n'est pas le soleil qui **tourne** autour de la terre, c'est la terre qui **tourne** autour du soleil. **131**

Übung 47

1. Je suis surpris qu'il a refusé de vous recevoir, connaissant sa disponibilité et son très grand désir de nouer de nouvelles relations.

2. Mlle Martin est tellement émotionnelle qu'elle ne peut contenir ses larmes chaque fois qu'elle parle de son fils.

3. Je veux bien m'entremettre pour l'inciter à en faire usage. Mais encore faut-il qu'il accepte de me recevoir.

4. Aujourd'hui, je me suis levé plus tôt que d'habitude. Il n'est donc pas étonnant que je veuille partout rentrer avant minuit.

5. Ma petite fille a déjà vu plus de monuments que grand nombre d'adultes. Il est dommage qu'elle ne se souvienne plus.

6. Nous croyons bien faire de redoubler de précautions. Après tout, c'est vous qui nous avez conseillé de ne pas rencontrer de décision trop hâtive.

7. J'avoue que je suis très déçu par votre réaction. Et moi qui croyais que vous ne m'en tiendriez pas rigueur.

8. Il s'est endormi en entendant le disque que tu viens de lui offrir. Il faut croire qu'il est très fatigué ces derniers temps.

9. Ce pauvre monsieur est vraiment à regretter, c'est la troisième femme qu'il épouse et qui l'abandonne en l'espace d'une année.

10. Il a promis de venir nous voir, malgré que le médecin lui ait ordonné de garder le lit au moins pour une dizaine de jours.

11. Vous auriez mieux fait de vous taire. Vous savez très bien qu'il ne supporte pas qu'on le contredise.

12. En cas de difficultés, je demanderais à ma secrétaire de vous servir comme interprète.

13. Non que votre offre lui déplaise, il lui manque simplement du temps et de l'argent.

14. D'après mon opinion, il est préférable de voyager de nuit pour arriver le lendemain matin frais et dispos.

15. Vous pouvez lui vendre du cristal pour du diamant, il ne l'apercevra pas.

Lösung 47

1. Je suis surpris qu'il **ait** refusé de vous recevoir, connaissant sa disponibilité et son très grand désir de nouer de nouvelles relations. **41**

2. Mlle Martin est tellement **émotive** qu'elle ne peut contenir ses larmes chaque fois qu'elle parle de son fils. **96**

3. Je veux bien m'entremettre pour l'inciter à en faire usage. Mais encore faut-il qu'il accepte de me recevoir.

4. Aujourd'hui, je me suis levé plus tôt que d'habitude. Il n'est donc pas étonnant que je veuille **absolument** rentrer avant minuit. **97**

5. Ma petite fille a déjà vu plus de monuments que grand nombre d'adultes. Il est dommage qu'elle ne **s'en** souvienne plus. **101**

6. Nous croyons bien faire de redoubler de précautions. Après tout, c'est vous qui nous avez conseillé de ne pas **prendre** de décision trop hâtive. **92**

7. J'avoue que je suis très déçu par votre réaction. Et moi qui croyais que vous ne m'en tiendriez pas rigueur.

8. Il s'est endormi en **écoutant** le disque que tu viens de lui offrir. Il faut croire qu'il est très fatigué ces derniers temps. **100**

9. Ce pauvre monsieur est vraiment à **plaindre**, c'est la troisième femme qu'il épouse et qui l'abandonne en l'espace d'une année. **93**

10. Il a promis de venir nous voir, **quoique** le médecin lui ait ordonné de garder le lit au moins pour une dizaine de jours. **99**

11. Vous auriez mieux fait de vous taire. Vous savez très bien qu'il ne supporte pas qu'on le contredise.

12. En cas de difficultés, je demanderais à ma secrétaire de vous servir **d'interprète**. **94**

13. Non que votre offre lui déplaise, il manque simplement **de** temps et **d'**argent. **98**

14. **A mon avis**, il est préférable de voyager de nuit pour arriver le lendemain matin frais et dispos. **102**

15. Vous pouvez lui vendre du cristal pour du diamant, il ne **s'en** apercevra pas. **95**

Übung 48

1. L'un des deux bandits menaça le caissier avec son pistolet qu'il lui colla contre la poitrine, tandis que l'autre se dirigea vers le coffre-fort.

2. Si tu veux vivre en paix, me disait mon père, occupe-toi de tes affaires et ne te mêle jamais dans les affaires des autres.

3. Ne fiez pas les apparences, elles sont parfois trompeuses. La méfiance est mère de toute prudence.

4. Jusqu'à preuve du contraire je passerai la nuit ici, s'il le faut, quitte à dormir sur deux chaises.

5. Presque tous les Italiens croient à Dieu et au Saint-Esprit.

6. Pour tout renseignement supplémentaire, adressez-vous à l'adresse suivante. Je vais vous l'écrire sur cette petite pièce de papier.

7. Dès votre arrivée à l'aéroport, passez-moi un coup de fil et je vous chercherai avec ma voiture.

8. La capsule vient d'atterrir à quelque cent mètres de l'endroit prévu; juste entre les deux porte-avions qui l'attendaient depuis une demi-heure.

9. Je lui ai demandé s'il était Anglais ou Allemand, il m'a répondu qu'il était Danois.

10. Vous devez faire du sport au moins une fois dans la semaine, si vous voulez être en forme pour le restant de vos jours.

11. S'il avait tu, comme je l'en avais prié, personne n'aurait su que je venais de gagner le gros lot.

12. Avez-vous déjà lu la poste d'aujourd'hui, Monsieur le Directeur? Je viens de la mettre sur votre bureau.

13. A l'entendre parler, on le tiendrait pour un Espagnol. Et dire qu'il n'a passé que six mois en Espagne pour se perfectionner.

14. D'après le journal officiel, cette loi entrera en vigueur le 1er janvier à moins qu'une nouvelle motion ne soit déposée à la Chambre des députés.

15. Pour vous prouver ma confiance, je vous donne libre main et vous laisse agir comme bon vous semble.

Lösung 48

1. L'un des deux bandits menaça le caissier **de** son pistolet qu'il lui colla contre la poitrine, tandis que l'autre se dirigea vers le coffre-fort. **107**

2. Si tu veux vivre en paix, me disait mon père, occupe-toi de tes affaires et ne te mêle jamais **des** affaires des autres. **113**

3. Ne **vous** fiez pas **aux** apparences, elles sont parfois trompeuses. La méfiance est mère de toute prudence. **106**

4. Jusqu'à preuve du contraire je passerai la nuit ici, s'il le faut, quitte à dormir sur deux chaises.

5. Presque tous les Italiens croient **en** Dieu et au Saint-Esprit. **112**

6. Pour tout renseignement supplémentaire, adressez-vous à l'adresse suivante. Je vais vous l'écrire sur **ce petit morceau** de papier. **111**

7. Dès votre arrivée à l'aéroport, passez-moi un coup de fil et je **viendrai vous chercher** avec ma voiture. **105**

8. La capsule vient **d'amérir** à quelque cent mètres de l'endroit prévu; juste entre les deux porte-avions qui l'attendaient depuis une demi-heure. **110**

9. Je lui ai demandé s'il était Anglais ou Allemand, il m'a répondu qu'il était Danois.

10. Vous devez faire du sport au moins une fois **par** semaine, si vous voulez être en forme pour le restant de vos jours. **109**

11. S'il **s'était** tu, comme je l'en avais prié, personne n'aurait su que je venais de gagner le gros lot. **108**

12. Avez-vous déjà lu **le courrier** d'aujourd'hui, Monsieur le Directeur? Je viens de **le** mettre sur votre bureau. **103**

13. A l'entendre parler, on le **prendrait** pour un Espagnol. Et dire qu'il n'a passé que six mois en Espagne pour se perfectionner. **104**

14. D'après le journal officiel, cette loi entrera en vigueur le 1er janvier à moins qu'une nouvelle motion ne soit déposée à la Chambre des députés.

15. Pour vous prouver ma confiance, je vous donne **carte blanche** et vous laisse agir comme bon vous semble. **114**

Übung 49

1. Ce n'était pas très gentil de lui de vous donner un rendez-vous et de vous laisser attendre deux heures sous la pluie!

2. Quand je pense qu'il a vidé toute la bouteille d'un trait, j'ai du mal à comprendre qu'il puisse encore avoir la force de parler.

3. D'une part vous voulez que j'améliore vos fautes, d'autre part que je ne vous interrompe pas.

4. C'est le premier hiver que nous passons dans cette maison, mais je comprends fort bien pourquoi nos prédécesseurs sont déménagés après si peu de temps.

5. Je viens de recevoir un télégramme de ma mère qui me demande de rentrer avant la fin du mois, par conséquence, je dois vous quitter vers le trente avril, au plus tard.

6. Je ferais tout pour me montrer digne de sa confiance. C'est à lui que je remercie mon poste actuel.

7. Les Martin viennent de partir au Japon. Ils pensent y rester deux ou trois mois avant de partir pour l'Australie.

8. Comme il avait plu toute la journée, nous décidâmes de ne pas sortir et de faire la grasse matinée.

9. Il m'a demandé de lui téléphoner aujourd'hui encore pour lui donner ma réponse. Mais j'aimerais mieux attendre. La nuit porte conseil.

10. Elle n'a rien laissé entendre d'elle depuis plus de trois mois. Elle sait pourtant très bien que ses parents doivent se faire du souci.

11. J'ai tout fait pour étouffer ma colère, mais au bout de trois quarts d'heure, j'ai perdu la patience et me suis retiré sans dire un mot.

12. J'avoue que cette cravate n'est pas d'après mon goût, mais ma belle-mère me l'a offerte et il faut que je la porte à chacune de ses visites.

13. Vous, du moins, vous n'avez pas froid aux yeux. A mon avis vous avez raison de le remettre à sa place.

14. Je me refuse d'assumer une responsabilité dont je ne puis mesurer l'ampleur et qui risque de surpasser mes compétences.

15. Quels livres voulez-vous que je vous prête, ceux-ci ou ceux-là?

Lösung 49

1. Ce n'était pas très gentil **de sa part** de vous donner un rendez-vous et de vous laisser attendre deux heures sous la pluie! **119**

2. Quand je pense qu'il a vidé toute la bouteille d'un trait, j'ai du mal à comprendre qu'il puisse encore avoir la force de parler.

3. D'une part vous voulez que je **corrige** vos fautes, d'autre part que je ne vous interrompe pas. **118**

4. C'est le premier hiver que nous passons dans cette maison, mais je comprends fort bien pourquoi nos prédécesseurs **ont** déménagé après si peu de temps. **121**

5. Je viens de recevoir un télégramme de ma mère qui me demande de rentrer avant la fin du mois, par **conséquent**, je dois vous quitter vers le trente avril, au plus tard. **126**

6. Je ferais tout pour me montrer digne de sa confiance. C'est à lui que je **dois** mon poste actuel. **120**

7. Les Martin viennent de partir **pour le** Japon. Ils pensent y rester deux ou trois mois avant de partir pour l'Australie. **125**

8. Comme il avait plu toute la journée, nous décidâmes de ne pas sortir et de faire la grasse matinée.

9. Il m'a demandé de lui téléphoner aujourd'hui **même** pour lui donner ma réponse. Mais j'aimerais mieux attendre. La nuit porte conseil. **122**

10. Elle n'a pas **donné de ses nouvelles** depuis plus de trois mois. Elle sait pourtant très bien que ses parents doivent se faire du souci. **116**

11. J'ai tout fait pour étouffer ma colère, mais au bout de trois quarts d'heure, j'ai perdu **patience** et me suis retiré sans dire un mot. **115**

12. J'avoue que cette cravate n'est pas **à** mon goût. mais ma belle-mère me l'a offerte et il faut que je la porte à chacune de ses visites. **123**

13. Vous, **au** moins, vous n'avez pas froid aux yeux. A mon avis vous avez raison de le remettre à sa place. **124**

14. Je me refuse **à** assumer une responsabilité dont je ne puis mesurer l'ampleur et qui risque de surpasser mes compétences. **117**

15. Quels livres voulez-vous que je vous prête, ceux-ci ou ceux-là?

Übung 50

1. Excuse-moi, chéri, de te réveiller à cette heure-ci, mais je n'en pouvais plus; j'ai éprouvé un désir fou d'entendre ta voix.

2. Tout le monde est venu le féliciter de cet exploit. C'était le plus beau soir que nous ayons passé depuis des mois.

3. Je suis désolé d'arriver de nouveau en retard. C'est mon réveil qui va une demi-heure après.

4. Le combien avons-nous aujourd'hui? J'ai promis d'envoyer ce paquet au plus tard le quinze mai.

5. En dépit de l'étrangeté fantastique que donnaient à l'agglomération les extravagances de la technique, la ville gardait un aspect provisoire.

6. Voilà une heure que nous nous tournons en cercle pour trouver une place où garer notre voiture. Décidément, nous n'avons pas de chance.

7. Il faut absolument que vous choisissiez d'autres couleurs. Ce rouge-là se mord avec ce vert.

8. Vous n'avez jamais entendu de ce peintre? Il a pourtant exposé plus d'une fois à Berlin. Et la presse y a mis du sien.

9. Je vous prie instamment de cesser de vous plaindre, autrefois je me verrai contraint de résilier notre contrat.

10. Quelle tempête! Entre vite, et ferme la porte! Ça tire terriblement.

11. Au moment, nous sommes au regret de ne pouvoir répondre favorablement à votre demande, mais soyez assuré que nous ne manquerons pas d'en tenir compte à la prochaine occasion.

12. La police des étrangers exige qu'il abandonne ses affaires et qu'il quitte le pays dans trois semaines au plus tard.

13. Il me convoqua dans son bureau, me dit catégoriquement ce qu'il en pensait et, comme si rien ne serait passé, me tendit la main comme pour s'excuser.

14. J'avoue que je ne suis pas du tout étonné que vous ayez renoncé à ce projet. A vrai dire je l'attendais.

15. Tu me fais malade avec tes caprices et ta mauvaise volonté. Il n'y a pas moyen de te faire plaisir.

Lösung 50

1. Excuse-moi, chéri, de te réveiller à cette heure-ci, mais je n'en pouvais plus; j'ai éprouvé un désir fou d'entendre ta voix.

2. Tout le monde est venu le féliciter de cet exploit. C'était la plus belle **soirée** que nous ayons passée depuis des mois. **127**

3. Je suis désolé d'arriver de nouveau en retard. C'est mon réveil qui **retarde d'**une demi-heure. **136**

4. Le combien **sommes**-nous aujourd'hui? J'ai promis d'envoyer ce paquet au plus tard le quinze mai. **128**

5. En dépit de l'étrangeté fantastique que donnaient à l'agglomération les extravagances de la technique, la ville gardait un aspect provisoire.

6. Voilà une heure que nous **tournons en rond** pour trouver une place où garer notre voiture. Décidément, nous n'avons pas de chance. **131**

7. Il faut absolument que vous choisissiez d'autres couleurs. Ce rouge-là **jure** avec ce vert. **137**

8. Vous n'avez jamais entendu **parler** de ce peintre? Il a pourtant exposé plus d'une fois à Berlin. Et la presse y a mis du sien. **138**

9. Je vous prie instamment de cesser de vous plaindre, **autrement** je me verrai contraint de résilier notre contrat. **129**

10. Quelle tempête! Entre vite, et ferme la porte. Il y a un **courant d'air** terrible. **135**

11. **Pour le** moment, nous sommes au regret de ne pouvoir répondre favorablement à votre demande, mais soyez assuré que nous ne manquerons pas d'en tenir compte à la prochaine occasion. **133**

12. La police des étrangers exige qu'il abandonne ses affaires et qu'il quitte le pays dans trois semaines au plus tard.

13. Il me convoqua dans son bureau, me dit catégoriquement ce qu'il en pensait et, **comme si de rien n'était**, me tendit la main comme pour s'excuser. **130**

14. J'avoue que je ne suis pas du tout étonné que vous ayez renoncé à ce projet. A vrai dire je **m'y** attendais. **134**

15. Tu me **rends** malade avec tes caprices et ta mauvaise volonté. Il n'y a pas moyen de te faire plaisir. **132**

Übung 51

1. Je n'aurais jamais cru que les Martin changeraient à tel point. Depuis la naissance de leur fils ils dirigent une vie bien tranquille.

2. Vous l'avez vexé et il l'a mérité. A quoi bon le repentir?

3. Je tiens à vous signaler une pour toutes les fois que je n'admettrai plus la moindre remarque de ce genre.

4. A votre position, je n'y aurais jamais renoncé. Ne serait-ce que pour lui prouver qu'il n'a rien à me dire.

5. Nous avons l'habitude d'envoyer des échantillons, aussi quand on refuse de les accepter.

6. Il a saisi l'occasion pour me dire qu'il lui était impossible de répondre à ma demande et qu'il avait contacté un de ses anciens amis pour voir ce qu'il y avait lieu de faire.

7. Il m'en veut toujours encore, quoique je lui aie assuré que je n'y étais pour rien dans toute cette affaire.

8. Nous sommes contraints de prendre une décision aujourd'hui même. Mais avant, je voudrais connaître votre avis à ce sujet, et surtout celui de votre épouse.

9. Il est clair qu'il ne veuille pas travailler sous de telles conditions. Et pourquoi le ferait-il?

10. Je sais que votre père ne fume pas; d'ailleurs vous non plus, vous ne fumez pas; mais si vous buviez un peu moins . . .

11. Je lui ai offert l'apéritif quatre fois après l'autre. Croyez-vous qu'il ait fait le moindre geste pour payer?

12. Je vous conseille de ne pas lui en parler, aujourd'hui. Il est de si mauvaise humeur que vous n'arriverez jamais à l'apporter à la raison.

13. Elle nous regarda, nous sourit et continua à lire sans se soucier de ce qui se passait autour d'elle.

14. Mais où sont donc les fleurs que j'ai cueillies ce matin? Je les ai mis dans ce vase et je ne les retrouve plus.

15. Qu'il pleut ou qu'il neige, quand on a un chien, il faut le promener.

Lösung 51

1. Je n'aurais jamais cru que les Martin changeraient à tel point. Depuis la naissance de leur fils ils **mènent** une vie bien tranquille. **139**

2. Vous l'avez vexé et il l'a mérité. A quoi bon **vous en** repentir. **140**

3. Je tiens à vous signaler **une fois pour toutes** que je n'admettrai plus la moindre remarque de ce genre. **141**

4. A votre **place**, je n'y aurais jamais renoncé. Ne serait-ce que pour lui prouver qu'il n'a rien à me dire. **142**

5. Nous avons l'habitude d'envoyer des échantillons, **même si** l'on refuse de les accepter. **143**

6. Il a saisi l'occasion pour me dire qu'il lui était impossible de répondre à ma demande et qu'il avait contacté un de ses anciens amis pour voir ce qu'il y avait lieu de faire.

7. Il m'en veut **toujours**, quoique je lui aie assuré que je n'y étais pour rien dans toute cette affaire. **144**

8. Nous sommes contraints de prendre une décision aujourd'hui même. Mais **auparavant**, je voudrais connaître votre avis à ce sujet, et surtout celui de votre épouse. **145**

9. Il est clair qu'il ne veuille pas travailler **dans** de telles conditions. Et pourquoi le ferait-il? **146**

10. Je sais que votre père ne fume pas; d'ailleurs vous non plus, vous ne fumez pas; mais si vous buviez un peu moins . . .

11. Je lui ai offert l'apéritif quatre fois **de suite**. Croyez-vous qu'il ait fait le moindre geste pour payer? **147**

12. Je vous conseille de ne pas lui en parler, aujourd'hui. Il est de si mauvaise humeur que vous n'arriverez jamais à **lui faire entendre** raison. **148**

13. Elle nous regarda, nous sourit et continua à lire sans se soucier de ce qui se passait autour d'elle.

14. Mais où sont donc les fleurs que j'ai cueillies ce matin? Je les ai **mises** dans ce vase et je ne les retrouve plus. **25**

15. Qu'il **pleuve** ou qu'il neige, quand on a un chien, il faut le promener. **41**

Übung 52

1. Il est arrivé à Paris depuis à peine trois heures, et depuis il ne cesse de téléphoner pour demander de vos nouvelles.

2. Au moment, j'avoue que je n'ai pas du tout envie de le revoir. Après la dernière dispute j'ai besoin de quelques jours pour me remettre.

3. Il n'est pas étonnant que vous soyez si fatigué, si vous avez marché toute la matinée.

4. J'ai passé tout le soir à écouter la radio et à lire le journal, alors que ma femme tricotait en fredonnant de vieilles chansons.

5. Parmi les invités, il y avait quelques trois cents Iranais qui sont venus de loin pour acclamer leur Empereur.

6. Il m'a prié de vous demander de lui téléphoner aujourd'hui encore. Il part en voyage d'affaires demain matin et ne revient que dans une quinzaine de jours.

7. Si ce n'est pas le soleil qui se tourne autour de la terre, alors c'est la terre qui se tourne autour du soleil.

8. Ceux qui meurent dans la maison qui les a vus naître, meurent plus doucement qu'ils ne mourraient ailleurs.

9. Je vous remercie de m'avoir averti à temps. Je lui aurais presque prêté tout mon argent.

10. J'avoue que ces blagues ne sont pas du tout d'après mon goût, mais que voulez-vous? C'est lui qui fait la pluie et le beau temps.

11. Je viens d'acheter trois caisses d'oranges. Servez-vous! Prenez-en aussi beaucoup que vous voulez.

12. Ils commencent à s'inquiéter parce que leur fille ne leur a pas donné de ses nouvelles depuis plus que quatre mois.

13. Vous, qui prétendez connaître toute l'Europe, l'Asie et l'Amérique, êtes-vous déjà allé au Alaska?

14. Personne ne pourrait lui reprocher d'avoir négligé son mari. Elle a tout fait pour le faire heureux.

15. Je lui ai raconté tout ce que je savais à son sujet et lui ai fait promettre de ne jamais parler à son mari.

Lösung 52

1. Il est arrivé à Paris **il y a** à peine trois heures, et depuis il ne cesse de téléphoner pour demander de vos nouvelles. **46**

2. **Pour le moment**, j'avoue que je n'ai pas du tout envie de le revoir. Après la dernière dispute j'ai besoin de quelques jours pour me remettre. **133**

3. Il n'est pas étonnant que vous soyez si fatigué, si vous avez marché toute la matinée.

4. J'ai passé toute la **soirée** à écouter la radio et à lire le journal, alors que ma femme tricotait en fredonnant de vieilles chansons. **127**

5. Parmi les invités, il y avait **quelque** trois cents Iranais qui sont venus de loin pour acclamer leur Empereur. **47**

6. Il m'a prié de vous demander de lui téléphoner **aujourd'hui même.** Il part en voyage d'affaires demain matin et ne revient que dans une quinzaine de jours. **122**

7. Si ce n'est pas le soleil qui **tourne** autour de la terre, alors c'est la terre qui **tourne** autour du soleil. **131**

8. Ceux qui meurent dans la maison qui les a vus naître, meurent plus doucement qu'ils ne mourraient ailleurs.

9. Je vous remercie de m'avoir averti à temps. **J'ai failli** lui prêter tout mon argent. **48**

10. J'avoue que ces blagues ne sont pas du tout à mon goût, mais que voulez-vous? C'est lui qui fait la pluie et le beau temps. **123**

11. Je viens d'acheter trois caisses d'oranges. Servez-vous! Prenez-en **autant** que vous voulez. **49**

12. Ils commencent à s'inquiéter parce que leur fille ne leur a pas donné de ses nouvelles depuis plus **de** quatre mois. **22**

13. Vous, qui prétendez connaître toute l'Europe, l'Asie et l'Amérique, etes-vous déjà allé **en** Alaska? **50**

14. Personne ne pourrait lui reprocher d'avoir négligé son mari. Elle a tout fait pour le **rendre** heureux. **132**

15. Je lui ai raconté tout ce que je savais à son sujet et lui ai fait promettre de jamais **en** parler à son mari. **51**

— 16 blanc-cassis, 11 pastis, 7 menthes à l'eau, 11 Claquesin, 5 cognacs, 1 Schweppes, 13 demis, 6 bocks, 23 Martini, 9 vermouths, 5 armagnacs, 1 Suze, 1 citron pressé, 2 Orangina, 7 Dubonnet et 1 Perrier-citron...

Übung 53

1. Eh bien, mon cher Monsieur, je vais vous prouver que nul n'est infaillible. Malgré vos trois diplômes, vous allez voir que vous avez tort.

2. Moi, j'attends les soldes pour acheter ce qu'il me faut. L'année dernière La Samaritaine offrait des chemises à dix francs chaque.

3. Les Dupont n'habitent plus ici. Ils ont trouvé une jolie maison et sont déménagés la semaine dernière.

4. Fermez au moins la porte ou la fenêtre! Si vous restez en plein train vous finirez par attraper froid.

5. De son temps, il était très difficile de soutenir une thèse de doctorat, et le titre avait une plus grande valeur que maintenant.

6. Il est regrettable que ces jeunes gens ne se soucient de rien. Ils bousculent tout le monde et ne pensent qu'à soi-même.

7. Qu'est-ce qu'il a pu changer depuis son mariage! Et dire qu'avant il conduisait une vie de globe-trotter.

8. A vrai dire j'attendais des résultats beaucoup plus satisfaisants. Il est dommage que vous n'ayez pu y mettre du vôtre.

9. Si au moins il avait avoué son crime, ou encore mieux s'il l'avait repenti, il n'en serait pas là.

10. Lui, pour exagérer il est imbattable. Il prétend avoir fait le trajet Berlin–Hambourg dans deux heures.

11. Le combien avons-nous aujourd'hui? J'ai complètement oublié que c'était son anniversaire et je n'ai même pas un bouquet de fleurs pour elle.

12. «Voyez-vous ce bâtiment, justement au bout de la rue, c'est la gare.»

13. Je vous saurais gré de bien vouloir régler cette facture dans les trois jours, autrefois je me verrai contraint de recourir à mon avocat.

14. Je cherche depuis plus de trois semaines un appartement deux pièces, situé au bord de la mer. Croyez-vous pouvoir m'en trouver un?

15. Vous êtes en train de faire une grande bêtise. Ne croyez surtout pas que vous pouvez faire comme si rien se serait passé.

Lösung 53

1. Eh bien, mon cher Monsieur, je vais vous prouver que nul n'est infaillible. Malgré vos trois diplômes, vous allez voir que vous avez tort.

2. Moi, j'attends les soldes pour acheter ce qu'il me faut. L'année dernière La Samaritaine offrait des chemises à dix francs **chacune**. **52**

3. Les Dupont n'habitent plus ici. Ils ont trouvé une jolie maison et **ont** déménagé la semaine dernière. **121**

4. Fermez au moins la porte ou la fenêtre! Si vous restez en plein **courant d'air** vous finirez par attraper froid. **135**

5. De son temps, il était très difficile de soutenir une thèse de doctorat, et le titre avait une plus grande valeur que maintenant.

6. Il est regrettable que ces jeunes gens ne se soucient de rien. Ils bousculent tout le monde et ne pensent qu'à **eux-mêmes**. **53**

7. Qu'est-ce qu'il a pu changer depuis son mariage! Et dire qu'avant il **menait** une vie de globe-trotter. **139**

8. A vrai dire je **m'**attendais à des résultats beaucoup plus satisfaisants. Il est dommage que vous n'ayez pu y mettre du vôtre. **134**

9. Si au moins il avait avoué son crime, ou encore mieux s'il **s'en était** repenti, il n'en serait pas là. **140**

10. Lui, pour exagérer il est imbattable. Il prétend avoir fait le trajet Berlin–Hambourg **en** deux heures. **54**

11. Le combien **sommes**-nous aujourd'hui? J'ai complètement oublié que c'était son anniversaire et je n'ai même pas un bouquet de fleurs pour elle. **128**

12. «Voyez-vous ce bâtiment, **juste** au bout de la rue, c'est la gare.» **55**

13. Je vous saurais gré de bien vouloir régler cette facture dans les trois jours, **autrement** je me verrai contraint de recourir à mon avocat. **129**

14. Je cherche depuis plus de trois semaines un appartement deux pièces, situé au bord de la mer. Croyez-vous pouvoir m'en trouver un?

15. Vous êtes en train de faire une grande bêtise. Ne croyez surtout pas que vous pouvez faire comme **si de rien n'était**. **130**

Übung 54

1. Dites à ce monsieur que j'ai un empêchement et qu'il revient dans une demi-heure. Je verrai alors si je pourrai le recevoir.

2. J'ai l'impression que nous venons de manquer notre dernier bus. Cette fois-ci, je suis certain que c'est cette horloge qui retarde de quatre minutes.

3. Il ne m'est jamais réussi à le convaincre, quoiqu'il sache que j'ai souvent raison et qu'il a toujours tort.

4. Voilà deux heures que nous attendons son coup de fil; il nous a pourtant promis de téléphoner dès son arrivée.

5. Je n'ai jamais rien vu de plus beau que les corails de la mer Rouge.

6. J'ai l'intention de partir au Canada, avant les fêtes de Noël. J'espère qu'il y aura plus de neige qu'en Europe.

7. Connaissez-vous quelqu'un qui puisse me faire cette traduction aujourd'hui encore?

8. Tout le monde sait que tu es fâché contre elle, mais du moins pour son anniversaire, tu aurais dû lui offrir des fleurs.

9. Pouvez-vous me prêter votre parapluie? Je ne peux pas attendre qu'il cesse de pleurer pour aller poster cette lettre.

10. Lui au moins, il a du goût, mais sa femme, quelle horreur! Elle choisit toujours des couleurs qui se mordent.

11. Avez-vous déjà entendu du dernier roman de Martinez? Il paraît que c'est un chef-d'œuvre.

12. Calme-toi, maman! Pierre vient de télégraphier qu'il est arrivé sain et sauf, malgré le retard.

13. Il s'excusa de son retard et expliqua qu'il avait eu une panne d'essence à demi-chemin entre Paris et St. Cloud.

14. Je tiens à vous avertir une pour toutes les fois, qu'il ne souffre pas qu'on le contredise. Méfiez-vous donc de ses crises de nerfs.

15. Malgré les grandes fenêtres, cette pièce est bien plus foncée que les autres.

Lösung 54

1. Dites à ce monsieur que j'ai un empêchement et qu'il **revienne** dans une demi-heure. Je verrai alors si je pourrai le recevoir. **41**

2. J'ai l'impression que nous venons de manquer notre dernier bus. Cette fois-ci, je suis certain que c'est cette horloge qui retarde de quatre minutes.

3. Je **n'ai** jamais **réussi à** le convaincre, quoiqu'il sache que j'ai souvent raison et qu'il a toujours tort. **57**

4. Voilà deux heures que nous attendons son coup de fil; il nous a pourtant promis de téléphoner dès son arrivée.

5. Je n'ai jamais rien vu de plus beau que les **coraux** de la mer Rouge. **56**

6. J'ai l'intention de partir **pour le** Canada, avant les fêtes de Noël. J'espère qu'il y aura plus de neige qu'en Europe. **125**

7. Connaissez-vous quelqu'un qui puisse me faire cette traduction aujourd'hui **même**? **122**

8. Tout le monde sait que tu es fâché contre elle, mais **au** moins pour son anniversaire, tu aurais dû lui offrir des fleurs. **124**

9. Pouvez-vous me prêter votre parapluie? Je ne peux pas attendre qu'il cesse de **pleuvoir** pour aller poster cette lettre. **58**

10. Lui au moins, il a du goût, mais sa femme, quelle horreur! Elle choisit toujours des couleurs qui **jurent** l'une avec l'autre. **137**

11. Avez-vous déjà **entendu parler** du dernier roman de Martinez? Il paraît que c'est un chef-d'œuvre. **138**

12. Calme-toi, maman! Pierre vient de télégraphier qu'il est arrivé sain et sauf, malgré le retard.

13. Il s'excusa de son retard et expliqua qu'il avait eu une panne d'essence à **mi-chemin** entre Paris et St. Cloud. **59**

14. Je tiens à vous avertir une **bonne fois pour toutes**, qu'il ne souffre pas qu'on le contredise. Méfiez-vous donc de ses crises de nerfs. **141**

15. Malgré les grandes fenêtres, cette pièce est bien plus **sombre** que les autres. **60**

Übung 55

1. A votre position, je n'aurais pas hésité à lui dire ce que j'en pense. Quitte à le vexer.

2. Vous pouvez tenter ce que vous voulez, il est tellement entêté que vous n'arriverez jamais à l'apporter à la raison.

3. Je n'ignore pas ce qu'il complote, mais j'éprouverai un immense plaisir à le surprendre la main dans le sac.

4. Je l'ai appelé deux fois après l'autre et il n'a pas daigné me répondre. Il faut croire qu'il se prend pour le directeur.

5. Il n'y a plus de métro ni d'autobus à cette heure-ci. Par conséquence, il va falloir que nous prenions un taxi.

6. Depuis l'arrivée de ce nouveau directeur, je n'éprouve plus aucun plaisir. Il m'est impossible de travailler sous de telles conditions.

7. Vous êtes arrivé depuis à peine cinq minutes. Pourquoi tant de vacarme? Vous voyez bien que tout le monde attend.

8. Je prendrai mes vacances aussi quand je n'ai pas assez d'argent ni de temps. Je trouve que c'est le seul moyen de se changer les idées.

9. Calmez-vous, Madame! L'équipe de secours vient de sauver tout le monde. Vous n'avez plus aucune raison de vous inquiéter.

10. Nous avons traversé un village pittoresque dont j'ai oublié le nom, et dont je n'ai jamais entendu parler avant.

11. La bibliothèque universitaire doit disposer de quelques quinze mille volumes en langue française.

12. Je ne pense pas qu'il vous en veuille toujours encore. Il est même fier que vous vous soyez excusé devant tout le monde.

13. Minuit venait de sonner. Elle entendit des pas dans l'escalier et serait presque morte de peur lorsque la porte s'ouvrit.

14. Je suis convaincu qu'il ne trouvera pas ma proposition d'après son goût, mais je ne puis le prendre en considération.

15. J'estime qu'à son âge, il devrait se soucier un peu plus du «qu'en dira-t-on» et cesser de faire de telles bêtises.

Lösung 55

1. **A votre place**, je n'aurais pas hésité à lui dire ce que j'en pense. Quitte à le vexer. **142**

2. Vous pouvez tenter ce que vous voulez, il est tellement entêté que vous n'arriverez jamais **à lui faire entendre** raison. **148**

3. Je n'ignore pas ce qu'il complote, mais j'éprouverai un immense plaisir à le surprendre la main dans le sac.

4. Je l'ai appelé deux fois **de suite** et il n'a pas daigné me répondre. Il faut croire qu'il se prend pour le directeur. **147**

5. Il n'y a plus de métro ni d'autobus à cette heure-ci. Par **conséquent** il va falloir que nous prenions un taxi. **126**

6. Depuis l'arrivée de ce nouveau directeur, je n'éprouve plus aucun plaisir. Il m'est impossible de travailler **dans** de telles conditions. **146**

7. **Il y a** à peine cinq minutes que vous êtes arrivé. Pourquoi tant de vacarme? Vous voyez bien que tout le monde attend. **46**

8. Je prendrai mes vacances **même si** je n'ai pas assez d'argent ni de temps. Je trouve que c'est le seul moyen de se changer les idées. **143**

9. Calmez-vous, Madame! L'équipe de secours vient de sauver tout le monde. Vous n'avez plus aucune raison de vous inquiéter.

10. Nous avons traversé un village pittoresque dont j'ai oublié le nom, et dont je n'ai jamais entendu parler **auparavant**. **145**

11. La bibliothèque universitaire doit disposer de **quelque** quinze mille volumes en langue française. **47**

12. Je ne pense pas qu'il vous en veuille **toujours**. Il est même fier que vous vous soyez excusé devant tout le monde. **144**

13. Minuit venait de sonner. Elle entendit des pas dans l'escalier et **faillit mourir** de peur lorsque la porte s'ouvrit. **48**

14. Je suis convaincu qu'il ne trouvera pas ma proposition **à son goût**, mais je ne puis le prendre en considération. **123**

15. J'estime qu'à son âge, il devrait se soucier un peu plus du «qu'en dira-t-on» et cesser de faire de telles bêtises.

Übung 56

1. Il a pensé à vous, et sachant que vous ne parlez pas un mot d'Allemand, il a invité quelques ses amis qui parlent français.

2. Il y a là quelques détails qui ont échappé à votre attention. Voulez-vous que je vous relise le texte?

3. Le chef du personnel a remarqué que la nouvelle secrétaire arrive toujours trop tard. Aussi, a-t-il décidé de lui en faire la remarque.

4. Ce n'est pas la première fois que j'entends cette histoire. Je vous prie donc de ne plus me parler d'elle, j'en ai assez.

5. Je ne crois pas que même vous, qui êtes son meilleur ami, puissiez l'apporter à la raison. C'est bien simple, il ne veut écouter personne.

6. Nous n'avons jamais entendu de cet écrivain. Quels livres a-t-il déjà écrits?

7. Aussi lui, qui est Espagnol, n'a pu comprendre une telle réaction de votre part. Que vous est-il arrivé pour être dans un pareil état?

8. Je me refuse à travailler pour vous sous telles conditions, et je vous prie d'accepter mon préavis pour la fin du mois courant.

9. L'année passée j'ai fait un long voyage aux Etats-Unis, en Canada, en Afrique et en Australie.

10. Malgré cet incident, le Président continua son discours, comme si de rien n'était.

11. Je n'ai jamais mangé aussi beaucoup qu'hier soir. A un moment, j'ai cru que j'allais éclater.

12. Il n'osera jamais venir si vous ne lui envoyez pas une carte d'invitation en bonne et due forme. Vous savez bien qu'il a des principes.

13. Ils dirigent une vie bien tranquille depuis la naissance de leur fils. Qui aurait cru qu'ils changeraient ainsi!

14. Le nouveau directeur m'a fait taper cette lettre trois fois après l'autre, soit disant parce qu'il était habitué à une autre disposition de texte.

15. Les Dupont sont déménagés de peur que les cambrioleurs ne s'en prennent à leur maison, comme ils l'ont fait pour toutes les maisons du quartier.

Lösung 56

1. Il a pensé à vous, et sachant que vous ne parlez pas un mot d'Allemand, il a invité **quelques-uns** de ses amis qui parlent français. **52**

2. Il y a là quelques détails qui ont échappé à votre attention. Voulez-vous que je vous relise le texte?

3. Le chef du personnel a remarqué que la nouvelle secrétaire arrive toujours **en retard**. Aussi, a-t-il décidé de lui en faire la remarque. **136**

4. Ce n'est pas la première fois que j'entends cette histoire. Je vous prie donc de ne plus **m'en** parler, j'en ai assez. **51**

5. Je ne crois pas que même vous, qui êtes son meilleur ami, puissiez **lui faire entendre** raison. C'est bien simple, il ne veut écouter personne. **148**

6. Nous n'avons jamais **entendu parler** de cet écrivain. Quels livres a-t-il déjà écrits? **138**

7. **Même lui,** qui est Espagnol, n'a pu comprendre une telle réaction de votre part. Que vous est-il arrivé pour être dans un pareil état? **122**

8. Je me refuse à travailler pour vous **dans de** telles conditions, et je vous prie d'accepter mon préavis pour la fin du mois courant. **146**

9. L'année passée j'ai fait un long voyage aux Etats-Unis, **au** Canada, en Afrique et en Australie. **50**

10. Malgré cet incident, le Président continua son discours, comme si de rien n'était.

11. Je n'ai jamais mangé **autant** qu'hier soir. A un moment, j'ai cru que j'allais éclater. **49**

12. Il n'osera jamais venir si vous ne lui envoyez pas une carte d'invitation en bonne et due forme. Vous savez bien qu'il a des principes.

13. Ils **mènent** une vie bien tranquille depuis la naissance de leur fils. Qui aurait cru qu'ils changeraient ainsi. **139**

14. Le nouveau directeur m'a fait taper cette lettre trois fois **de suite**, soit disant parce qu'il était habitué à une autre dispositon de texte. **147**

15. Les Dupont **ont** déménagé de peur que les cambrioleurs ne s'en prennent à leur maison, comme ils l'ont fait pour toutes les maisons du quartier. **121**

Übung 57

1. Au bout de trois semaines, je me suis aperçu qu'il ne m'était pas possible de vivre avec une personne qui partageait si peu mes goûts.

2. Chacun pour lui-même, Dieu pour tous, cria le capitaine en donnant l'ordre d'évacuer le bateau.

3. Personne ne pourra l'aider à passer ce cap; aussi vous pas, qui êtes son meilleur ami. C'est à désespérer.

4. Je pars pour Rome vers la mi-septembre, par conséquence, il me sera impossible d'assister à la fête que vous donnez à la fin du mois.

5. Ce n'est pas en lui faisant des reproches que vous arriverez à le persuader du contraire.

6. Téléphonez, s'il vous plaît, à M. Martin et demandez-lui de passer me prendre au plus tard en vingt minutes.

7. Il paraît que Mlle Lambert vient de donner son préavis. C'est au moins ce qu'on raconte dans le bureau à côté.

8. Et vous, qu'auriez-vous fait dans sa position? Auriez-vous également refusé de participer à ce projet.

9. Vous sortez avec votre ami Pierre? Eh bien! Bon soir et tâchez de ne pas rentrer aussi tard qu'hier!

10. Ne vous excitez pas pour autant! Je vous ai demandé gentil, si vous aviez envie de rester là, à l'attendre sous la pluie.

11. C'est par hasard que nous venons d'apprendre la bonne nouvelle; et nous tenons à être les premiers à vous en féliciter.

12. Nul n'est infaillible, me dit-il. Vous avez commis une erreur, vous l'avez repentie; à quoi bon avoir du remords?

13. Où avez-vous acheté de si beaux corails? Et qu'allez-vous en faire?

14. Je veux bien vous rendre service, mais au moment je suis à court d'argent et ne puis vous en prêter avant la fin du mois.

15. Il ne vous réussira jamais à lui faire changer d'avis. Croyez-moi, c'est du temps perdu.

Lösung 57

1. Au bout de trois semaines, je me suis aperçu qu'il ne m'était pas possible de vivre avec une personne qui partageait si peu mes goûts.

2. Chacun pour **soi**, Dieu pour tous, cria le capitaine en donnant l'ordre d'évacuer le bateau. 53

3. Personne ne pourra l'aider à passer ce cap; **pas même vous**, qui êtes son meilleur ami. C'est à désespérer. 122

4. Je pars pour Rome vers la mi-septembre, **par conséquent**, il me sera impossible d'assister à la fête que vous donnez à la fin du mois. 126

5. Ce n'est pas en lui faisant des reproches que vous arriverez à le persuader du contraire.

6. Téléphonez, s'il vous plaît, à M. Martin et demandez-lui de passer me prendre au plus tard **dans** vingt minutes. 54

7. Il paraît que Mlle Lambert vient de donner son préavis. C'est **du moins** ce qu'on raconte dans le bureau à côté. 124

8. Et vous, qu'auriez-vous fait **à sa place**? Auriez-vous également refusé de participer à ce projet? 142

9. Vous sortez avec votre ami Pierre? Eh bien! **Bonne soirée** et tâchez de ne pas rentrer aussi tard qu'hier! 127

10. Ne vous excitez pas pour autant! Je vous ai demandé **gentiment** si vous aviez envie de rester là, à l'attendre sous la pluie. 55

11. C'est par hasard que nous venons d'apprendre la bonne nouvelle; et nous tenons à être les premiers à vous en féliciter.

12. Nul n'est infaillible, me dit-il. Vous avez commis une erreur, **vous vous en êtes repenti**; à quoi bon avoir du remords? 140

13. Où avez-vous acheté de si beaux **coraux**? Et qu'allez-vous en faire? 56

14. Je veux bien vous rendre service, mais **pour le moment** je suis à court d'argent et ne puis vous en prêter avant la fin du mois. 133

15. **Vous ne réussirez** jamais à lui faire changer d'avis. Croyez-moi, c'est du temps perdu. 57

Übung 58

1. Nous nous sommes rencontrés juste à moitié-chemin, entre Toulouse et Bordeaux.

2. Ils ont choisi des stores d'un bleu qui se mord avec le jaune des murs.

3. Je vous ai toujours dit qu'il ne fallait pas aller chez des gens qu'on ne connaissait pas.

4. Le directeur du département des exportations vient de me proposer un séjour en Afrique ou en Australie. Je crois que je partirai plutôt en Afrique.

5. Regardez ces gros nuages! Dans quelques instants il va certainement commencer à pleuvoir. Dépêchons-nous!

6. Quelle date avons-nous, aujourd'hui? Il faut que cette lettre arrive avant le quinze.

7. Après l'avoir offensé devant tous ses amis, il lui tendit la main, comme si rien ne se serait passé.

8. Je vous répète une pour toutes les fois que je ne supporterai plus vos caprices.

9. Dites à ce monsieur que je ne pourrai pas le recevoir avant d'avoir relu son dossier.

10. Soyez un peu plus sévère que votre prédécesseur autrefois ils ne vous obéiront pas non plus.

11. Toutes les pièces sont grandes et claires, sauf la cuisine et la salle de bains; elles sont petites et foncées.

12. Le voyant dans cet état, j'ai préféré garder le télégramme pour ne pas le faire plus malheureux.

13. A vrai dire, je n'attendais pas une telle réaction de sa part. Il est d'ailleurs très rare qu'il perde les nerfs.

14. Elle était curieuse de savoir si c'était lui qui viendrait la chercher.

15. Ferme la porte, chérie! Ça tire et tout le monde est enrhumé.

Lösung 58

1. Nous nous sommes rencontrés juste à **mi-chemin** entre Toulouse et Bordeaux. **59**

2. Ils ont choisi des stores d'un bleu qui **jure** avec le jaune des murs. **137**

3. Je vous ai toujours dit qu'il ne fallait pas aller chez des gens qu'on ne connaissait pas.

4. Le directeur du département des exportations vient de me proposer un séjour en Afrique ou en Australie. Je crois que je partirai plutôt **pour** l'Afrique. **125**

5. Regardez ces gros nuages! Dans quelques instants il va certainement commencer à **pleuvoir**. Dépêchons-nous! **58**

6. Quel jour **sommes**-nous aujourd'hui? Il faut que cette lettre arrive avant le quinze. **128**

7. Après l'avoir offensé devant tous ses amis, il lui tendit la main, comme si **de rien n'était**. **130**

8. Je vous répète **une fois pour toutes** que je ne supporterai plus vos caprices. **141**

9. Dites à ce monsieur que je ne pourrai pas le recevoir avant d'avoir relu son dossier.

10. Soyez un peu plus sévère que votre prédécesseur, **autrement** ils ne vous obéiront pas non plus. **129**

11. Toutes les pièces sont grandes et claires, sauf la cuisine et la salle de bains; elles sont petites et **sombres**. **60**

12. Le voyant dans cet état, j'ai préféré garder le télégramme pour ne pas le **rendre** plus malheureux. **132**

13. A vrai dire je ne **m'**attendais pas à une telle réaction de sa part. Il est d'ailleurs très rare qu'il perde les nerfs. **134**

14. Elle était curieuse de savoir si c'était lui qui viendrait la chercher.

15. Ferme la porte, chérie! **Il y a un courant d'air** et tout le monde est enrhumé. **135**

Übung 59

1. Cette horloge est à l'heure. C'est votre montre qui va dix minutes après.

2. Quand il apprit que je venais juste de passer mon permis de conduire, il refusa catégoriquement de me prêter sa voiture.

3. Change de chemise, Michel! Ce jaune-là se mord avec le vert de ta cravate.

4. Je n'ai jamais compris comment ces pauvres gens pouvaient vivre sous telles conditions hygiéniques.

5. Je veux bien prendre une décision, mais avant j'aimerais connaître votre avis à ce sujet.

6. Ce qui est fait, est fait. A quoi bon vous repentir?

7. Il est impossible, jeune homme, que votre patron vous accorde quatre semaines de congés payés.

8. Après une telle maladie, il est évident qu'il commence à conduire une vie plus saine et plus tranquille.

9. J'ai décidé de lui en parler, aussi quand tous les collègues ne sont pas du même avis que moi.

10. Comment se fait-il que vous n'ayez jamais entendu de ce film? Il passe au Rialto depuis plus d'un mois.

11. A votre position, je n'hésiterais pas un instant à accepter son offre.

12. Peux-tu me dire, Pilou, si c'est la lune qui se tourne autour de la terre ou si c'est la terre qui se tourne autour de la lune?

13. Plus de deux cents candidats se sont présentés, mais pas un seul n'a été reçu.

14. Et ces bouteilles de bière, vous les avez mis au frais, j'espère.

15. Je vous le répète une pour toutes les fois, si vous ne cessez pas de l'interrompre, vous aurez affaire à moi.

Lösung 59

1. Cette horloge est à l'heure. C'est votre montre qui **retarde** de dix minutes. **136**

2. Quand il apprit que je venais juste de passer mon permis de conduire, il refusa catégoriquement de me prêter sa voiture.

3. Change de chemise, Michel! Ce jaune-là **jure** avec le vert de ta cravate. **137**

4. Je n'ai jamais compris comment ces pauvres gens pouvaient vivre **dans de** telles conditions hygiéniques. **146**

5. Je veux bien prendre une décision, mais **auparavant** j'aimerais connaître votre avis à ce sujet. **145**

6. Ce qui est fait, est fait. A quoi bon vous **en** repentir? **140**

7. Il est impossible, jeune homme, que votre patron vous accorde quatre semaines de congés payés.

8. Après une telle maladie, il est évident qu'il commence à **mener** une vie plus saine et plus tranquille. **139**

9. J'ai décidé de lui en parler, **même si** tous les collègues ne sont pas du même avis que moi. **143**

10. Comment se fait-il que vous n'ayez jamais **entendu parler** de ce film? Il passe au Rialto depuis plus d'un mois. **138**

11. A votre **place**, je n'hésiterais pas un instant à accepter son offre. **142**

12. Peux-tu me dire, Pilou, si c'est la lune qui **tourne** autour de la terre ou si c'est la terre qui **tourne** autour de la lune. **131**

13. Plus de deux cents candidats se sont présentés, mais pas un seul n'a été reçu.

14. Et ces bouteilles de bière, vous les avez **mises** au frais, j'espère. **25**

15. Je vous le répète **une fois pour toutes**, si vous ne cessez pas de l'interrompre, vous aurez affaire à moi. **141**

Übung 60

1. Je ne crois pas qu'il soit toujours encore fâché contre vous; après tout, ce n'est pas votre faute si l'on a refusé de le recevoir.

2. Je trouve ridicule que vous ne cessiez pas de la menacer avec le divorce. Vous savez bien qu'elle ne demande que cela.

3. Je suis curieux de savoir si les astronautes vont atterrir sur la lune à l'heure prévue par les savants du Cap Kennedy.

4. Voulez-vous demander à Mlle Lambert de nous appeler un taxi pour la gare, s'il vous plaît?

5. Où que vous allez, quoi que vous fassiez, il est trop tard pour tout recommencer.

6. Après toutes les bêtises qu'elle a fait, il fallait bien s'attendre à de tels résultats.

7. Ce n'est pas parce qu'il a refusé de taire que vous voulez le congédier, j'espère.

8. Il méfie tout le monde; même sa femme qui a sacrifié toute sa fortune pour le sauver.

9. Elles se sont regardées, se sont souri, et se sont jetées dans les bras l'une de l'autre.

10. Je dois absolument prendre des vacances, au moins une fois dans l'année, si je ne veux pas attraper de crises de nerfs.

11. Voulez-vous encore une petite pièce de gâteau? Je l'ai fait moi-même.

12. C'est un monsieur qui ne croit pas à Dieu, mais qui croit aux revenants.

13. Elle doit s'ennuyer à mourir pour ne se mêler que dans les affaires des autres.

14. Si vous me donnez libre main, je vous promets de ne pas vous décevoir.

15. Au cas où vous auriez besoin de quelque chose, n'hésitez pas à appeler la serveuse, elle se fera un plaisir de vous servir.

Lösung 60

1. Je ne crois pas qu'il soit **toujours** fâché contre vous; après tout, ce n'est pas votre faute si l'on a refusé de le recevoir. **144**

2. Je trouve ridicule que vous ne cessiez pas de la menacer **de** divorce. Vous savez bien qu'elle ne demande que cela. **107**

3. Je suis curieux de savoir si les astronautes vont **alunir** à l'heure prévue par les savants du Cap Kennedy. **110**

4. Voulez-vous demander à Mlle Lambert de nous appeler un taxi pour la gare, s'il vous plaît?

5. Où que vous **alliez**, quoi que vous fassiez, il est trop tard pour tout recommencer. **41**

6. Après toutes les bêtises qu'elle a **faites**, il fallait bien s'attendre à de tels résultats. **25**

7. Ce n'est pas parce qu'il a refusé de **se taire** que vous voulez le congédier, j'espère. **108**

8. Il **se** méfie **de** tout le monde; même **de** sa femme qui a sacrifié toute sa fortune pour le sauver. **106**

9. Elles se sont regardées, se sont souri, et se sont jetées dans les bras l'une de l'autre.

10. Je dois absolument prendre des vacances, au moins une fois **par an**, si je ne veux pas attraper de crises de nerfs. **109**

11. Voulez-vous encore **un petit morceau** de gâteau? Je l'ai fait moi-même. **111**

12. C'est un monsieur qui ne croit pas **en** Dieu, mais qui croit aux revenants. **112**

13. Elle doit s'ennuyer à mourir pour ne se mêler que **des** affaires des autres. **113**

14. Si vous me donnez **carte blanche**, je vous promets de ne pas vous décevoir. **114**

15. Au cas où vous auriez besoin de quelque chose, n'hésitez pas à appeler la serveuse, elle se fera un plaisir de vous servir.

Übung 61

1. Habite-t-il toujours encore dans ce petit appartement au bord de la Seine?

2. Après avoir attendu plus de trois quarts d'heure, j'ai fini par perdre la patience, et me suis retiré sans dire un mot.

3. Vous m'avez menti et trompé plus que personne, mais je vous pardonne.

4. Je l'ai reçue, comme je vous aurais reçue, puisqu'elle m'a dit qu'elle venait de vous.

5. Lui, du moins, il sait ce qu'il veut. Il n'est pas le type à se laisser faire, comme vous.

6. Au moment, je ne veux rien d'autre qu'une bonne tasse de café et un verre de Calvados.

7. Je ne manquerai pas de laisser entendre de moi, dès mon arrivée.

8. Voulez-vous éteindre ce cigare, s'il vous plaît? Ma femme supporte mal la fumée.

9. Je trouve que vous avez corrigé vos connaissances du français, depuis notre dernière rencontre.

10. Je vous prie de me dire objectivement ce que vous en pensez; autrefois je ne saurais pas quelle attitude prendre.

11. Il vient de partir aux Etats-Unis en jurant de ne plus remettre les pieds dans son pays natal.

12. Je me refuse de céder devant toute pression, si grande soit-elle.

13. Vous avez beau faire comme si rien ne se serait passé, vous ne réussirez jamais à regagner sa confiance.

14. Il est tellement distrait qu'il ne s'est même pas rendu compte qu'il portait des chaussettes de couleurs différentes.

15. Quelle ingratitude! Et dire que c'est à moi qu'il remercie son succès.

Lösung 61

1. Habite-t-il **toujours** dans ce petit appartement au bord de la Seine? **144**

2. Après avoir attendu plus de trois quarts d'heure, j'ai fini par **perdre patience**, et me suis retiré sans dire un mot. **115**

3. Vous m'avez menti et trompé plus que personne, mais je vous pardonne.

4. Je l'ai reçue comme je vous aurais reçue, puisqu'elle m'a dit qu'elle venait **de votre part**. **119**

5. Lui, **au** moins, il sait ce qu'il veut. Il n'est pas le type à se laisser faire, comme vous. **124**

6. **Pour le** moment, je ne veux rien d'autre qu'une bonne tasse de café et un verre de Calvados. **133**

7. Je ne manquerai pas de **vous donner de mes nouvelles**, dès mon arrivée. **116**

8. Voulez-vous éteindre ce cigare, s'il vous plaît? Ma femme supporte mal la fumée.

9. Je trouve que vous avez **amélioré** vos connaissances du français, depuis notre dernière rencontre. **118**

10. Je vous prie de me dire objectivement ce que vous en pensez; **autrement** je ne saurais pas quelle attitude prendre. **129**

11. Il vient de partir **pour les** Etats-Unis en jurant de ne plus remettre les pieds dans son pays natal. **125**

12. Je me refuse **à** céder devant toute pression, si grande soit-elle. **117**

13. Vous avez beau faire **comme si de rien n'était**, vous ne réussirez jamais à regagner sa confiance. **130**

14. Il est tellement distrait qu'il ne s'est même pas rendu compte qu'il portait des chaussettes de couleurs différentes.

15. Quelle ingratitude! Et dire que c'est à moi qu'il **doit** son succès. **120**

Übung 62

1. A vrai dire, cette attitude n'est pas du tout d'après mon goût. Mais comment faire pour le convaincre de son injustice.

2. Ils n'ont pas cessé de se disputer de la soirée.

3. Aussi vous, qui prétendez tout savoir, ne réussirez jamais à résoudre ce problème trigonométrique.

4. Nous sommes déménagés à cause de nos voisins qui ne pouvaient supporter le bruit des enfants.

5. Après tant de souffrances, il faut attendre au pire et ne pas hésiter à voir les choses en face.

6. Vous avez si bonne mine que j'ai du mal à croire que vous étiez malade à garder le lit.

7. Nous avons passé tout le matin au bord de la mer à pêcher et à jouer à la pétanque.

8. Il est bien dommage que vous ayez refusé de l'y accompagner. Qui sait si une telle occasion se représentera?

9. Fermez les portes, les enfants! Ça tire terriblement. Vous risquez d'attraper froid.

10. Nous avons bien le 3 avril aujourd'hui? Je dois envoyer des fleurs à notre voisine.

11. Désormais, j'ai décidé de conduire une vie moins mondaine. C'est beaucoup moins fatigant.

12. Vous êtes la seule à pouvoir le faire heureux ou malheureux. Sans vous la vie n'a plus de sens à ses yeux.

13. Je vous prie une pour toutes les fois, de vous adresser ailleurs; chez nous toutes les chambres coûtent plus de cent francs.

14. Ce n'est pas en vous tournant en rond, comme un lion en cage, que vous résoudrez ce problème.

15. Je veux bien vous rejoindre dans une demi-heure, mais avant je dois téléphoner à ma femme.

Lösung 62

1. A vrai dire, cette attitude n'est pas du tout **à** mon goût. Mais comment faire pour le convaincre de son injustice. **123**

2. Ils n'ont pas cessé de se disputer de la soirée.

3. **Même** vous, qui prétendez tout savoir, ne réussirez jamais à résoudre ce problème trigonométrique. **122**

4. Nous **avons** déménagé à cause de nos voisins qui ne pouvaient supporter le bruit des enfants. **121**

5. Après tant de souffrances, il faut **s'attendre** au pire et ne pas hésiter à voir les choses en face. **134**

6. Vous avez si bonne mine que j'ai du mal à croire que vous étiez malade à garder le lit.

7. Nous avons passé **toute la matinée** au bord de la mer à pêcher et à jouer à la pétanque. **127**

8. Il est bien dommage que vous ayez refusé de l'y accompagner. Qui sait si une telle occasion se représentera?

9. Fermez les portes, les enfants! **Il y a un courant d'air terrible.** Vous risquez d'attraper froid. **135**

10. Nous **sommes** bien le 3 avril aujourd'hui? Je dois envoyer des fleurs à notre voisine. **128**

11. Désormais, j'ai décidé de **mener** une vie moins mondaine. C'est beaucoup moins fatigant. **139**

12. Vous êtes la seule à pouvoir le **rendre** heureux ou malheureux. Sans vous la vie n'a plus de sens à ses yeux. **132**

13. Je vous prie **une fois pour toutes** de vous adresser ailleurs; chez nous toutes les chambres coûtent plus de cent francs. **141**

14. Ce n'est pas en **tournant** en rond, comme un lion en cage, que vous résoudrez ce problème. **131**

15. Je veux bien vous rejoindre dans une demi-heure, mais **auparavant** je dois téléphoner à ma femme. **145**

Übung 63

1. Personne ne m'empêchera de lui dire ce que je pense de lui. Aussi quand je le vexe.

2. Et vous, qu'auriez-vous fait en ma position? Auriez-vous toléré de telles injustices?

3. Il m'a demandé deux fois après l'autre si j'étais prêt à l'accompagner aux Etats-Unis.

4. Si vous croyez pouvoir l'apporter à la raison, vous vous trompez. Entêté comme il est, il ne vous écoutera même pas.

5. Il a une âme d'ange. Il ne peut pas faire de mal à une mouche sans le repentir.

6. Lui, vous savez, il faut savoir le prendre. D'abord il ne souffre pas qu'on le contredise, en plus il aime à être flatté.

7. Je vous ai dit que je ne désirais plus vous revoir, ni ici ni ailleurs, par conséquence il faut que vous déménagiez.

8. Cette fois, si j'arrive en avance c'est parce que votre montre va une demi-heure après.

9. Il mange depuis une heure et il a toujours encore faim. Avez-vous quelque chose d'autre à lui offrir?

10. Et si je vous disais que ça fait plus de six mois qu'il n'habite plus dans le quartier, le croiriez-vous?

11. Enlève cette cravate, Michel! Elle se mord avec le bleu de ta chemise.

12. Je ne me souviens pas vous avoir vu quelque part. Etes-vous sûr de me connaître?

13. Ce peintre est très connu à Paris, mais ici je ne connais personne qui ait entendu de lui.

14. Il refuse de travailler sous ces conditions. Aussi, lui ai-je proposé de s'adresser au directeur.

15. Je vous rappelle que votre avion part dans une heure. Il est temps que vous appelez un taxi, si vous ne voulez pas le manquer.

Lösung 63

1. Personne ne m'empêchera de lui dire ce que je pense de lui. **Quitte** à le vexer. 143

2. Et vous, qu'auriez-vous fait **à ma place**? Auriez-vous toléré de telles injustices? 142

3. Il m'a demandé deux fois **de suite** si j'étais prêt à l'accompagner aux Etats-Unis. 147

4. Si vous croyez pouvoir **lui faire entendre raison**, vous vous trompez. Entêté comme il est, il ne vous écoutera même pas. 148

5. Il a une âme d'ange. Il ne peut pas faire de mal à une mouche sans **s'en** repentir. 140

6. Lui, vous savez, il faut savoir le prendre. D'abord il ne souffre pas qu'on le contredise, en plus il aime à être flatté.

7. Je vous ai dit que je ne désirais plus vous revoir, ni ici ni ailleurs, **par conséquent** il faut que vous déménagiez. 126

8. Cette fois, si j'arrive en avance c'est parce que votre montre **retarde d'une** demi-heure. 136

9. Il mange depuis une heure et il a **toujours** faim. Avez-vous quelque chose d'autre à lui offrir? 144

10. Et si je vous disais que ça fait plus de six mois qu'il n'habite plus dans le quartier, le croiriez-vous?

11. Enlève cette cravate, Michel! Elle **jure** avec le bleu de ta chemise. 137

12. Je ne me souviens pas vous avoir vu quelque part. Etes-vous sûr de me connaître?

13. Ce peintre est très connu à Paris, mais ici je ne connais personne qui ait **entendu parler** de lui. 138

14. Il refuse de travailler **dans** ces conditions. Aussi, lui ai-je proposé de s'adresser au directeur. 146

15. Je vous rappelle que votre avion part dans une heure. Il est temps que vous **appeliez** un taxi, si vous ne voulez pas le manquer. 41

Übung 64

1. Permettez-moi de vous adresser mes meilleurs vœux pour les jours de fête et le nouveau an.

2. Il paraît que les grévistes ont fini par céder. Reste à savoir s'ils ne trouveront pas d'autres moyens plus efficaces.

3. A votre position, je n'aurais pas hésité à lui en parler, au risque de perdre mon emploi.

4. Il voulait partout me faire croire qu'il avait fait le trajet Paris – Hambourg en moins de six heures.

5. Je vous serais obligé de bien vouloir me dire qu'est-ce que vous désirez.

6. S'il faut que je lui dise la vérité, je la lui dirai sans la repentir. C'est d'ailleurs lui qui m'y oblige.

7. Vous n'avez plus qu'une demi-heure pour faire vos bagages. Dépêchez-vous! Autrefois vous risquez de manquer le dernier train.

8. Désormais, nous ferons tout pour nous entraider. Ils travailleront pour moi et je penserai à les.

9. Dites à Mlle Michel que j'ai un empêchement et qu'elle revienne dans un quart d'heure.

10. Vous qui prétendez que vous savez tout, pouvez-vous me dire quelle est la différence entre le verbe désirer et le verbe souhaiter?

11. Donnez-moi libre main et je vous garantis qu'ils seront pris la main dans le sac, dans l'espace de vingt-quatre heures.

12. Comment voulez-vous qu'ils aient des amis? Ils ne répondent à aucune invitation et préfèrent rester tranquillement chez soi.

13. Il n'y a rien de plus nuisible pour un homme d'affaires que le manque de fermeté. Il suffit qu'il se montre émotionnel pour que l'on abuse de lui.

14. Nous avons essayé de lui faire accepter un faux billet, mais il l'a aperçu et nous l'a retourné en riant.

15. Je n'arrive pas à dégivrer mon pare-brise. Il a dû faire plus de 15° sous zéro, cette nuit.

Lösung 64

1. Permettez-moi de vous adresser mes meilleurs vœux pour les jours de fête et le **nouvel** an.   **1**

2. Il paraît que les grévistes ont fini par céder. Reste à savoir s'ils ne trouveront pas d'autres moyens plus efficaces.

3. A votre **place**, je n'aurais pas hésité à lui en parler, au risque de perdre mon emploi.   **142**

4. Il voulait **absolument** me faire croire qu'il avait fait le trajet Paris–Hambourg en moins de six heures.   **97**

5. Je vous serais obligé de bien vouloir me dire **ce que** vous désirez.   **21**

6. S'il faut que je lui dise la vérité, je la lui dirai sans **m'en** repentir. C'est d'ailleurs lui qui m'y oblige.   **140**

7. Vous n'avez plus qu'une demi-heure pour faire vos bagages. Dépêchez-vous! **Autrement** vous risquez de manquer le dernier train.   **129**

8. Désormais, nous ferons tout pour nous entraider. Ils travailleront pour moi et je penserai à **eux**.   **11**

9. Dites à Mlle Michel que j'ai un empêchement et qu'elle revienne dans un quart d'heure.

10. Vous qui prétendez tout **savoir**, pouvez-vous me dire quelle est la différence entre le verbe désirer et le verbe souhaiter?   **37**

11. Donnez-moi **carte blanche**, et je vous garantis qu'ils seront pris la main dans le sac, dans l'espace de vingt-quatre heures.   **114**

12. Comment voulez-vous qu'ils aient des amis? Ils ne répondent à aucune invitation et préfèrent rester tranquillement chez **eux**.   **53**

13. Il n'y a rien de plus nuisible pour un homme d'affaires que le manque de fermeté. Il suffit qu'il se montre **émotif** pour que l'on abuse de lui.   **96**

14. Nous avons essayé de lui faire accepter un faux billet, mais il **s'en est** aperçu et nous l'a retourné en riant.   **95**

15. Je n'arrive pas à dégivrer mon pare-brise. Il a dû faire plus de 15° **au-dessous de** zéro, cette nuit.   **81**

— *Je vais le flanquer à la porte,
ça simplifiera tout!*

— J'aurais aimé que tu sois quand je t'ai rencontré un artiste pauvre et malade. Je t'aurais soigné. Je t'aurais aidé de toutes mes forces. Nous aurions eu des périodes de découragement, mais aussi des moments de joie intense. Je t'aurais évité, dans la mesure de mes possibilités, tous les mille et un tracas de la vie afin que tu te consacres à ton art. Et puis, petit à petit, ton talent se serait affirmé. Tu serais devenu un grand artiste admiré et adulé, et, un jour tu m'aurais quittée pour une femme plus belle et plus jeune. C'est ça que je ne te pardonne pas!

Übung 65

1. Je veux bien vous donner mon avis à ce sujet, mais avant je voudrais connaître le vôtre.

2. Croyez-vous vraiment qu'il soit toujours encore fâché contre moi, malgré les excuses que je lui ai faites?

3. Ce n'est pas la porte d'escalier, que je cherche, mais celle de l'ascenseur.

4. Avec lui, on ne sait jamais. Tantôt il est de bonne humeur et il vous embrasse, tantôt de mauvaise humeur et il vous ignore.

5. Je tiens à vous répéter, une pour toutes les fois, que je ne renoncerai jamais à ce qui m'a été promis par votre prédécesseur.

6. Malgré le déchaînement de la foule, le président continua calmement son discours, comme si rien ne se serait passé.

7. Je suis très étonné qu'il ait refusé de vous recevoir, il sait pourtant très bien que vous venez de ma part.

8. La chambre du deuxième est plus calme et moins chère que la du quatrième.

9. Je vous passerai un coup de fil dès que j'ai reçu le résultat définitif.

10. Pourquoi ne demandez-vous pas poliment à votre belle-mère de ne plus se mêler dans vos affaires?

11. Je ne sais pas ce qui se passe ces derniers temps, mais j'ai le pressentiment que vos employés sont en train de mijoter un complot.

12. Après avoir supporté ses caprices pendant des mois, j'ai fini par perdre la patience et par lui dire ce que j'avais à dire.

13. Si vous arrivez à terminer cette traduction dans un quart d'heure, comme vous le prétendez, je vous invite à dîner avec votre secrétaire.

14. Après dix ans de fidélité et de dévouement, elle a divorcé pour marier le fils de son directeur.

15. Vu le travail que j'ai à terminer avant la fin du mois, il peut être que nous soyons contraints de reporter notre voyage à la mi-juillet.

Lösung 65

1. Je veux bien vous donner mon avis à ce sujet, mais **auparavant** je voudrais connaître le vôtre. **145**

2. Croyez-vous vraiment qu'il soit **toujours** fâché contre moi, malgré les excuses que je lui ai faites? **144**

3. Ce n'est pas la porte **de l'**escalier que je cherche, mais celle de l'ascenseur. **2**

4. Avec lui, on ne sait jamais. Tantôt il est de bonne humeur et il vous embrasse, tantôt de mauvaise humeur et il vous ignore.

5. Je tiens à vous répéter, **une fois pour toutes**, que je ne renoncerai jamais à ce qui m'a été promis par votre prédécesseur. **141**

6. Malgré le déchaînement de la foule, le président continua calmement son discours, **comme si de rien n'était**. **130**

7. Je suis très étonné qu'il ait refusé de vous recevoir, il sait pourtant très bien que vous venez de ma part.

8. La chambre du deuxième est plus calme et moins chère que **celle** du quatrième. **12**

9. Je vous passerai un coup de fil dès que j'**aurai** reçu le résultat définitif. **38**

10. Pourquoi ne demandez-vous pas poliment à votre belle-mère de ne plus se mêler **de** vos affaires? **113**

11. Je ne sais pas ce qui se passe ces derniers temps, mais j'ai le pressentiment que vos employés sont en train de mijoter un complot.

12. Après avoir supporté ses caprices pendant des mois, j'ai fini par **perdre patience** et par lui dire ce que j'avais à dire. **115**

13. Si vous arrivez à terminer cette traduction **en** un quart d'heure, comme vous le prétendez, je vous invite à dîner avec votre secrétaire. **54**

14. Après dix ans de fidélité et de dévouement, elle a divorcé pour **épouser** le fils de son directeur. **82**

15. Vu le travail que j'ai à terminer avant la fin du mois, il **se peut** que nous soyons contraints de reporter notre voyage à la mi-juillet. **80**

Übung 66

1. Il est inutile de chercher à le convaincre, il n'acceptera plus de travailler sous telles conditions.

2. J'ai plutôt l'impression qu'ils sont en train de chercher un prétexte pour annuler notre rendez-vous.

3. Je ferai tout ce qui est en mon pouvoir pour le sauver, aussi quand je dois sacrifier toute ma fortune.

4. C'est un jeune ménage qui ne veut pas avoir des enfants, sous prétexte que leur appartement trois-pièces est trop petit.

5. Voilà dix minutes que j'observe ce petit chat qui se tourne autour du marchand de poisson, comme s'il attendait l'occasion de lui en dérober un.

6. Il est trop gentil et trop généreux pour que nous abusions de ses moments de faiblesse.

7. Le combien avons-nous, aujourd'hui? Il faut absolument que je remette cette traite à la banque, avant la date d'échéance.

8. Dites-moi quoi vous avez besoin, et je ferai en sorte que le tout vous soit livré avant la fin de la semaine.

9. Il est vrai que je ne crois pas en des revenants, mais j'avoue que j'ai la chair de poule à l'idée de devoir habiter seul dans ce grand château.

10. Regardez ces belles cravates! Je les ai toutes achetées à Paris. En moyenne, elles ne m'ont coûté que quinze francs chaque.

11. J'espère, chéri, que tu penseras à nous téléphoner dès ton arrivée et que tu ne manqueras pas de laisser entendre de toi.

12. Combien de mois a votre secrétaire passé à Paris pour parler un français aussi impeccable?

13. Nous étions convenus de ne parler que de problèmes ayant trait à l'organisation et à la répartition du travail.

14. Je lui ai répondu, poli d'ailleurs, que je ne tenais plus à lui sacrifier toutes mes soirées.

15. Si je ne viens pas après dans un quart d'heure, ne m'attendez pas! Vous pouvez commencer à manger.

Lösung 66

1. Il est inutile de chercher à le convaincre, il n'acceptera plus de travailler **dans de** telles conditions. **146**

2. J'ai plutôt l'impression qu'ils sont en train de chercher un prétexte pour annuler notre rendez-vous.

3. Je ferai tout ce qui est en mon pouvoir pour le sauver, **même si** je dois sacrifier toute ma fortune. **143**

4. C'est un jeune ménage qui ne veut pas avoir **d'**enfants, sous prétexte que leur appartement trois-pièces est trop petit. **3**

5. Voilà dix minutes que j'observe ce petit chat qui **tourne** autour du marchand de poisson, comme s'il attendait l'occasion de lui en dérober un. **131**

6. Il est trop gentil et trop généreux pour que nous abusions de ses moments de faiblesse.

7. Le combien **sommes**-nous, aujourd'hui? Il faut absolument que je remette cette traite à la banque avant la date d'échéance. **128**

8. Dites-moi **de** quoi vous avez besoin, et je ferai en sorte que le tout vous soit livré avant la fin de la semaine. **13**

9. Il est vrai que je ne crois pas **aux** revenants, mais j'avoue que j'ai la chair de poule à l'idée de devoir habiter seul dans ce grand château. **112**

10. Regardez ces belles cravates! Je les ai toutes achetées à Paris. En moyenne, elles ne m'ont coûté que quinze francs **chacune**. **52**

11. J'espère, chéri, que tu penseras à nous téléphoner dès ton arrivée et que tu ne manqueras pas **de nous donner de tes nouvelles**. **116**

12. Combien de mois, **votre secrétaire a-t-elle passé** à Paris pour parler un français aussi impeccable? **36**

13. Nous étions convenus de ne parler que de problèmes ayant trait à l'organisation et à la répartition du travail.

14. Je lui ai répondu, **poliment** d'ailleurs, que je ne tenais plus à lui sacrifier toutes mes soirées. **55**

15. Si je ne **vous rejoins** pas dans un quart d'heure, ne m'attendez pas! Vous pouvez commencer à manger. **79**

Übung 67

1. Je me vois contraint de renoncer à votre aide, puisque vous ne croyez pas pouvoir assumer une telle responsabilité.

2. Un homme d'affaires ne doit jamais casser sa parole, s'il ne veut pas risquer de perdre la face.

3. Je viens de commander plus que cinquante bouteilles de champagne à offrir à tous mes amis pour la St. Sylvestre.

4. Elle s'entend à ravir avec tous ceux qui l'entourent; elle sait très bien s'y prendre pour faire tout le monde heureux.

5. Il faut absolument que j'aille au coiffeur; j'ai un rendez-vous important et je dois faire bonne impression.

6. J'estime que désormais vous devriez conduire une vie un peu plus rangée, depuis le temps que vous sacrifiez toutes vos fins de semaine.

7. J'ai tenu à savoir s'il sera disposé à nous consentir un tarif plus avantageux en cas de commande importante.

8. Qu'à cela ne tienne! Prenez-en autant que vous voulez, pourvu que vous ne manquiez pas de me les payer.

9. Je vous ai présenté mes excuses et vous m'avez promis, devant tout le monde, de ne plus me tenir rigueur.

10. Ils ont tous refusé à respecter le point le plus important, stipulé dans le contrat qu'ils venaient de signer.

11. Depuis que les enfants sont partis en vacances, nous passons nos soirs à regarder les films que nous avons tournés pendant notre voyage de noces.

12. Pouvez-vous me changer dix francs, s'il vous plaît? J'ai besoin de deux pièces pour téléphoner.

13. Je viens d'acheter une petite ronde table, qui va exactement avec les chaises que j'ai ramenées du marché aux puces de Paris.

14. Il est indispensable que vous rencontriez une décision dans les vingt-quatre heures si vous ne voulez pas risquer de laisser passer une occasion unique.

15. Les Ecossais sont si serviables qu'ils n'hésitent pas à vous accompagner à l'adresse que vous leur demandez.

Lösung 67

1. Je me vois contraint de renoncer à votre aide, puisque vous ne croyez pas pouvoir assumer une telle responsabilité.

2. Un homme d'affaires ne doit jamais **manquer à** sa parole; s'il ne veut pas risquer de perdre la face. **98**

3. Je viens de commander plus **de** cinquante bouteilles de champagne à offrir à tous mes amis pour la St. Sylvestre. **22**

4. Elle s'entend à ravir avec tous ceux qui l'entourent; elle sait très bien s'y prendre pour **rendre** tout le monde heureux. **132**

5. Il faut absolument que j'aille **chez** le coiffeur; j'ai un rendez-vous important et je dois faire bonne impression. **4**

6. J'estime que désormais vous devriez **mener** une vie un peu plus rangée, depuis le temps que vous sacrifiez toutes vos fins de semaine. **139**

7. J'ai tenu à savoir s'il **serait** disposé à nous consentir un tarif plus avantageux en cas de commande importante. **39**

8. Qu'à cela ne tienne! Prenez-en autant que vous voulez, pourvu que vous ne manquiez pas de me les payer.

9. Je vous ai présenté mes excuses et vous m'avez promis, devant tout le monde, de ne plus **m'en** tenir rigueur. **51**

10. Ils ont tous refusé **de** respecter le point le plus important, stipulé dans le contrat qu'ils venaient de signer. **117**

11. Depuis que les enfants sont partis en vacances, nous passons nos **soirées** à regarder les films que nous avons tournés pendant notre voyage de noces. **127**

12. Pouvez-vous me **faire la monnaie de** dix francs, s'il vous plaît? J'ai besoin de deux pièces pour téléphoner. **83**

13. Je viens d'acheter une **petite** table **ronde**, qui va exactement avec les chaises que j'ai ramenées du marché aux puces de Paris. **35**

14. Il est indispensable que vous **preniez** une décision dans les vingt-quatre heures si vous ne voulez pas risquer de laisser passer une occasion unique. **92**

15. Les Ecossais sont si serviables qu'ils n'hésitent pas à vous accompagner à l'adresse que vous leur demandez.

Übung 68

1. Ils sont partis en voiture, malgré que vous les ayez prévenus du danger qu'ils couraient par le temps qu'il fait.

2. Je les ai priés de ne fumer plus en présence des enfants; ils toussent et ne supportent pas la fumée.

3. Quand je lui fis part de ma décision, il me regarda, me sourit et me tendit la main en me souhaitant bonne chance.

4. Au moment, j'estime que nous devons commencer par résoudre le problème fondamental, à savoir: la hausse des prix.

5. Je suis étonné que vous n'ayez jamais entendu de lui, il vit pourtant dans la même rue que vous.

6. Ce n'est pas vous qui m'a dit que tous les employés avaient décidé unanimement de faire grève jusqu'à nouvel ordre?

7. Ce café est très fort. D'habitude j'y mets deux pièces de sucre, cette fois je dois en mettre au moins trois.

8. Les solutions sont toutes les deux bonnes et je ne me déciderai que lorsque je saurai laquelle est la plus bonne.

9. Cette fois, votre séjour en France vous a servi à quelque chose. Vous avez corrigé vos connaissances d'une façon remarquable.

10. Si vous avez des cigarettes, je prendrais volontiers une. Je n'ai pas fumé de la journée.

11. Je vous visiterai quelques jours avant mon départ. Vous me direz alors si vous voulez que je vous rapporte quelque chose.

12. A mon avis, non seulement vous vous trompez, mais pis encore vous ne savez pas ce que vous dites.

13. Cette cravate passe bien avec le veston que tu portais hier.

14. Ni vous, ni vos amis pourraient m'aider à sortir de cette impasse. Je n'en peux plus, j'abandonne.

15. Mon courtier vient de me présenter les deux bails et je dois en signer un avant la fin de la semaine, au plus tard.

Lösung 68

1. Ils sont partis en voiture, **quoique** vous les ayez prévenus du danger qu'ils couraient par le temps qu'il fait. **99**

2. Je les ai priés de **ne plus** fumer en présence des enfants; ils toussent et ne supportent pas la fumée. **23**

3. Quand je lui fis part de ma décision, il me regarda, me sourit et me tendit la main en me souhaitant bonne chance.

4. **Pour le moment**, j'estime que nous devons commencer par résoudre le problème fondamental, à savoir: la hausse des prix. **133**

5. Je suis étonné que vous n'ayez jamais **entendu parler** de lui, il vit pourtant dans la même rue que vous. **138**

6. Ce n'est pas vous qui **m'avez** dit que tous les employés avaient décidé unanimement de faire grève jusqu'à nouvel ordre? **5**

7. Ce café est très fort. D'habitude j'y mets deux **morceaux** de sucre, cette fois je dois en mettre au moins trois. **111**

8. Les solutions sont toutes les deux bonnes et je ne me déciderai que lorsque je saurai laquelle est la **meilleure**. **14**

9. Cette fois, votre séjour en France vous a servi à quelque chose. Vous avez **amélioré** vos connaissances d'une façon remarquable. **118**

10. Si vous avez des cigarettes, j'**en** prendrais volontiers une. Je n'ai pas fumé de la journée. **10**

11. Je **viendrai vous voir** quelques jours avant mon départ. Vous me direz alors si vous voulez que je vous rapporte quelque chose. **84**

12. A mon avis, non seulement vous vous trompez, mais pis encore vous ne savez pas ce que vous dites.

13. Cette cravate **va** bien avec le veston que tu portais hier. **91**

14. Ni vous, ni vos amis **ne** pourraient m'aider à sortir de cette impasse. Je n'en peux plus, j'abandonne. **33**

15. Mon courtier vient de me présenter les deux **baux** et je dois en signer un avant la fin de la semaine, au plus tard. **56**

Übung 69

1. Je vous serais très reconnaissant de ne pas parler avec lui de cela en présence de ma femme.

2. Va voir si Pierre est dans sa chambre, il voulait entendre ses disques et je n'entends pas de musique.

3. Vous les avez malmenés à telle enseigne qu'il fallait attendre à des résultats encore pires.

4. Je me rappelle avoir vu ce film il y a trois ans, alors qu'il passait au Cinérama, mais je ne saurais plus te dire exactement de quoi il s'agissait.

5. Pendant que je téléphonais, la porte s'ouvrait et je le vis se planter devant moi, un couteau à la main.

6. Les astronautes viennent d'atterrir sur la lune avec un retard de deux minutes. Comment font les savants pour atteindre une telle perfection?

7. Je ne tiens pas du tout à les inviter; au contraire, je serais plus tranquille, si je pouvais me passer d'eux.

8. L'usine ferme tous les ans entre le premier juillet et le deuxième août. C'est devenu presque une tradition.

9. Si vous n'avez pas l'habitude de rouler en montagne, je vous conseille de céder le volant à votre mari.

10. Venez nous voir vendredi! Et si le cœur vous en dit, passez le week-end avec nous; Mireille en sera ravie.

11. Ils viennent de partir en Australie où ils ont l'intention de passer la fête de Noël et le jour de l'an.

12. Pensez au futur, et surtout à celui de vos enfants et cessez enfin de jeter votre argent par la fenêtre!

13. Je vous aurais certainement prêté main forte, si vous m'auriez dit que vous étiez dans l'embarras.

14. Je vous garantis qu'il ne vous réussira jamais à lui faire croire que vous avez parcouru ce trajet deux fois de suite.

15. Il est venu te voir pour te réclamer les livres qu'il t'a prêtés, et pour te rendre les notres.

Lösung 69

1. Je vous serais très reconnaissant de ne pas **lui en** parler en présence de ma femme. **24**

2. Va voir si Pierre est dans sa chambre, il voulait **écouter** ses disques et je n'entends pas de musique. **100**

3. Vous les avez malmenés à telle enseigne qu'il fallait **vous attendre** à des résultats encore pires. **134**

4. Je me rappelle avoir vu ce film il y a trois ans, alors qu'il passait au Cinérama, mais je ne saurais plus te dire exactement de quoi il s'agissait.

5. Pendant que je téléphonais, la porte **s'ouvrit** et je le vis se planter devant moi, un couteau à la main. **40**

6. Les astronautes viennent **d'alunir** avec un retard de deux minutes. Comment font les savants pour atteindre une telle perfection? **110**

7. Je ne tiens pas du tout à les inviter; au contraire, je serais plus tranquille, si je pouvais me passer d'eux.

8. L'usine ferme tous les ans entre le premier juillet et le **deux** août. C'est devenu presque une tradition. **15**

9. Si vous n'avez pas l'habitude de **conduire** en montagne, je vous conseille de céder le volant à votre mari. **85**

10. Venez nous voir vendredi! Et si le cœur vous en dit, passez le week-end avec nous; Mireille en sera ravie.

11. Ils viennent de partir **pour l'**Australie où ils ont l'intention de passer la fête de Noël et le jour de l'an. **125**

12. Pensez **à l'avenir** et surtout à celui de vos enfants et cessez enfin de jeter votre argent par la fenêtre! **90**

13. Je vous aurais certainement prêté main forte, si vous m'**aviez** dit que vous étiez dans l'embarras. **32**

14. Je vous garantis que **vous ne réussirez** jamais à lui faire croire que vous avez parcouru ce trajet deux fois de suite. **57**

15. Il est venu te voir pour te réclamer les livres qu'il t'a prêtés, et pour te rendre les **nôtres**. **34**

Übung 70

1. Pour être toujours à l'heure, je préfère que ma montre va avant de quelques minutes.
2. Cette fois, je t'offrirai un disque. Toutes les fleurs que l'on t'a offert, la dernière fois, n'ont pas tenu trois jours.
3. Comment auriez-vous agi à ma place? Lui auriez-vous simplement dit que votre réveil n'a pas sonné?
4. Nous avons longtemps cherché une secrétaire qui sait au moins quatre langues. C'est indispensable pour notre département d'exportations.
5. Nous avons l'habitude de prendre des vacances deux fois dans l'année: en février, pour les sports d'hiver et en juin pour nous détendre à la plage.
6. Si vous n'êtes pas encore allé en Canada, allez-y au mois d'avril, c'est merveilleux!
7. Va voir Michel et dis-lui, de moi, que je suis très déçu de l'attitude qu'il prend ces derniers temps.
8. Je viens de commander trois caisses des oranges. Voulez-vous que je vous en réserve un ou deux kilos?
9. Il est impossible que vous ayez droit à six semaines de congés payés; à moins que vous ne comptiez les jours fériés et les jours de maladie.
10. Ils n'arrivent plus à s'entendre, paraît-il? Aussi, ont-il décidé de se laisser divorcer et de rester bons amis.
11. Ce n'est d'ailleurs pas la première fois que vous vous trompez dans le numéro, cher Monsieur. A la longue, je connais bien votre voix.
12. Où voulez-vous que j'aille? Je ne connais personne dans cette ville, et comme je me connais, je vais me retrouver à dix heures dans mon lit.
13. Il faut que vous puviez lui en parler au plus tôt; ceci afin d'éviter tout malentendu.
14. Si vous souhaitez qu'on y porte quelques modifications, ne manquez pas de nous le faire savoir dans les plus brefs délais.
15. Nous avons demandé à notre agent de passer vous voir pour discuter des questions de détail et nous vous prions de lui réserver bonne réception.

Lösung 70

1. Pour être toujours à l'heure, je préfère que ma montre **avance** de quelques minutes. **136**

2. Cette fois, je t'offrirai un disque. Toutes les fleurs que l'on t'a **offertes** la dernière fois, n'ont pas tenu trois jours. **25**

3. Comment auriez-vous agi à ma place? Lui auriez-vous simplement dit que votre réveil n'a pas sonné?

4. Nous avons longtemps cherché une secrétaire qui **sache** au moins quatre langues. C'est indispensable pour notre département d'exportations. **41**

5. Nous avons l'habitude de prendre des vacances deux fois **par an**: en février, pour les sports d'hiver et en juin pour nous détendre à la plage. **109**

6. Si vous n'êtes pas encore allé **au** Canada, allez-y au mois d'avril, c'est merveilleux! **50**

7. Va voir Michel et dis-lui, de **ma part**, que je suis très déçu de l'attitude qu'il prend ces derniers temps. **119**

8. Je viens de commander trois caisses **d'**oranges. Voulez-vous que je vous en réserve un ou deux kilos? **6**

9. Il est impossible que vous ayez droit à six semaines de congés payés; à moins que vous ne comptiez les jours fériés et les jours de maladie.

10. Ils n'arrivent plus à s'entendre, paraît-il? Aussi, ont-il décidé de **divorcer** et de rester bons amis. **86**

11. Ce n'est d'ailleurs pas la première fois que vous vous trompez **de** numéro, cher Monsieur. A la longue, je connais bien votre voix. **89**

12. Où voulez-vous que j'aille? Je ne connais personne dans cette ville, et comme je me connais, je vais me retrouver à dix heures dans mon lit.

13. Il faut que vous **puissiez** lui en parler au plus tôt; ceci afin d'éviter tout malentendu. **31**

14. Si vous **désirez** qu'on y porte quelques modifications, ne manquez pas de nous le faire savoir dans les plus brefs délais. **68**

15. Nous avons demandé à notre agent de passer vous voir pour discuter des questions de détail et nous vous prions de lui réserver **bon accueil**. **67**

Übung 71

1. Quelle tempête! Ferme la porte, Pilou! Ça tire.

2. Ne porte surtout pas cette chemise avec le veston que tu portais dimanche! Ce rouge-là se mord avec ce jaune.

3. Pour les questions de comptabilité, adressez-vous plutôt à sa femme! Elle s'y connaît mieux.

4. Je ne comprends pas que vous puissiez ne plus vous souvenir. Je vous en ai pourtant parlé à trois reprises.

5. Je trouve raisonnable qu'il ne veuille pas travailler aussi beaucoup que vous. Le travail c'est la santé, mais ne «pas trop» en faire c'est la conserver.

6. Vous êtes bien ingrat envers ce monsieur. Que seriez-vous devenu sans lui? C'est à lui que vous remerciez la vie.

7. J'ai essayé de joindre les Martin, mais on ne répond plus. Il paraît qu'ils sont déménagés.

8. Si vous n'acceptez pas mon offre, je suis convaincu que M. Leroy ne l'acceptera pas aussi.

9. La plupart des invités sont arrivés à l'heure. Il n'y a que vous qui soyez arrivé en retard, comme d'habitude.

10. Il est temps que vous appreniez à Pierre à rester debout au feu rouge et à attendre le vert pour traverser.

11. Je m'ai coupé en tranchant le pain. Vos couteaux sont si bien aiguisés!

12. Les pauvres paysans se plaignent des pertes qu'ils ont subies cette année. Il n'a pas cessé de pleurer durant tout le mois d'octobre.

13. Au lieu de les regretter, aidez-les! Vous savez bien qu'ils n'arriveront jamais à se tirer d'affaire par leurs propres moyens.

14. Avant de vous emprunter quoi que ce soit, je vous prie de me trouver un aval pour me signer ce papier.

15. Il est sept heures. Je dois aller avant que votre fiancé ne soit de retour.

Lösung 71

1. Quelle tempête! Ferme la porte, Pilou! **Il y a un courant d'air**. **135**

2. Ne porte surtout pas cette chemise avec le veston que tu portais dimanche! Ce rouge-là **jure** avec ce jaune. **137**

3. Pour les questions de comptabilité, adressez-vous plutôt à sa femme! Elle s'y connaît mieux.

4. Je ne comprends pas que vous puissiez ne plus vous **en** souvenir. Je vous en ai pourtant parlé à trois reprises. **101**

5. Je trouve raisonnable qu'il ne veuille pas travailler **autant** que vous. Le travail c'est la santé, mais ne «pas trop» en faire c'est le conserver. **49**

6. Vous êtes bien ingrat envers ce monsieur. Que seriez-vous devenu sans lui? C'est à lui que vous **devez** la vie. **120**

7. J'ai essayé de joindre les Martin, mais on ne répond plus. Il paraît qu'ils **ont** déménagé. **121**

8. Si vous n'acceptez pas mon offre, je suis convaincu que M. Leroy ne l'acceptera pas **non plus**. **16**

9. La plupart des invités sont arrivés à l'heure. Il n'y a que vous qui soyez arrivé en retard, comme d'habitude.

10. Il est temps que vous appreniez à Pierre à **s'arrêter** au feu rouge et à attendre le vert pour traverser. **88**

11. Je **me suis** coupé en tranchant le pain. Vos couteaux sont si bien aiguisés! **30**

12. Les pauvres paysans se plaignent des pertes qu'ils ont subies cette année. Il n'a pas cessé de **pleuvoir** durant tout le mois d'octobre. **58**

13. Au lieu de les **plaindre**, aidez-les! Vous savez bien qu'ils n'arriveront jamais à se tirer d'affaire par leurs propres moyens. **93**

14. Avant de vous **prêter** quoi que ce soit, je vous prie de me trouver un aval pour me signer ce papier. **66**

15. Il est sept heures. Je dois **m'en** aller avant que votre fiancé ne soit de retour. **69**

Übung 72

1. Pourriez-vous faire en sorte que ces colis lui soient envoyés au plus tard dans deux jours?

2. Elles se sont connues à Berlin, se sont écrites pendant trois ans avant de se revoir à Nice.

3. Comment voulez-vous que vos enfants ne nous dérangent pas si vous ne leur apprenez pas à taire.

4. Et encore s'il m'avait prévenu plus tôt, j'aurais envoyé quelqu'un pour le chercher.

5. Comment devrais-je me comporter, d'après votre avis? Lui dire la vérité le vexerait, faire comme si de rien n'était, serait pis.

6. Personne n'a réussi à lui faire changer d'avis, aussi vous pas qui êtes son meilleur ami.

7. Vous savez très bien ce qu'il veut insinuer et à quoi il veut en venir. A quoi bon perdre du temps?

8. Avant d'appeler un taxi pour la gare, téléphone-moi! Si j'ai du temps je t'accompagnerai.

9. La nouvelle loi relative à la vitesse limite entrera en force le premier avril. Espérons que tout le monde la respectera.

10. Ils sont arrivés à onze heures trente. Aussi, avons-nous pensé bien faire en leurs offrant l'apéritif.

11. Ces pauvres gens sont tombés en panne d'essence juste à demi-chemin entre Megève et Chamonix. Et il faisait un froid à pierre fendre.

12. Si vous lui payez les heures supplémentaires, je ne pense pas qu'il puisse refuser de vous servir comme interprète.

13. Pouvez-vous me dire comme faire pour lui expliquer diplomatiquement que sa présence n'est pas indispensable?

14. Je viendrai vous voir vers le quinze mai. D'ailleurs, je peux vous téléphoner aujourd'hui soir pour vous fixer la date exacte.

15. Le plus il mangeait, le plus il avait faim. C'est à croire qu'il avait le ver solitaire.

Lösung 72

1. Pourriez-vous faire en sorte que ces colis lui soient envoyés au plus tard dans deux jours?

2. Elles se sont connues à Berlin, se sont **écrit** pendant trois ans avant de se revoir à Nice. **42**

3. Comment voulez-vous que vos enfants ne nous dérangent pas si vous ne leur apprenez pas à **se taire**. **108**

4. Et encore s'il m'avait prévenu plus tôt, j'aurais envoyé quelqu'un pour le chercher.

5. Comment devrais-je me comporter, **à votre avis**? Lui dire la vérité le vexerait, faire comme si de rien n'était, serait pis. **102**

6. Personne n'a réussi à lui faire changer d'avis, **pas même vous**, qui êtes son meilleur ami. **122**

7. Vous savez très bien ce qu'il veut insinuer et à quoi il veut en venir. A quoi bon perdre du temps?

8. Avant d'appeler un taxi pour la gare, téléphone-moi! Si j'ai du temps je **t'y** accompagnerai. **17**

9. La nouvelle loi relative à la vitesse limite entrera en **vigueur** le premier avril. Espérons que tout le monde la respectera. **87**

10. Ils sont arrivés à onze heures trente. Aussi, avons-nous pensé bien faire en **leur** offrant l'apéritif. **7**

11. Ces pauvres gens sont tombés en panne d'essence juste à **mi-chemin** entre Megève et Chamonix. Et il faisait un froid à pierre fendre. **59**

12. Si vous lui payez les heures supplémentaires, je ne pense pas qu'il puisse refuser de vous servir **d'**interprète. **94**

13. Pouvez-vous me dire **comment** faire pour lui expliquer diplomatiquement que sa présence n'est pas indispensable? **65**

14. Je viendrai vous voir vers le quinze mai. D'ailleurs, je peux vous téléphoner **ce soir** pour vous fixer la date exacte. **70**

15. **Plus** il mangeait, **plus** il avait faim. C'est à croire qu'il avait le ver solitaire. **78**

Übung 73

1. Vu l'importance de ces négociations, la plupart des journalistes tenait à prendre part à la conférence de presse qui suivait.

2. Essayez de le prendre avec diplomatie! Le menacer avec un couteau ou avec un pistolet, ne vous servira à rien; il n'est pas de ceux qui cèdent.

3. Nous aurions presque écrasé un cycliste. La moindre hésitation lui aurait coûté la vie.

4. Auriez-vous du moins le temps de répondre à sa dernière lettre?

5. Ils m'ont demandé si je suis né en France ou en Espagne. J'ai répondu que j'étais né en Afrique.

6. Il ne vous a pas demandé l'impossible, tout de même. Un simple télégramme et il vous aurait envoyé son chauffeur pour vous chercher.

7. J'avoue que votre comportement, ces derniers temps, laisse à désirer. Vos retards, non plus, ne sont pas d'après mon goût.

8. Il a tellement empoisonné son entourage que l'on a fini par le congédier. A présent, il est là sans du travail et sans de l'argent.

9. Je puis malheureusement vous accorder seulement dix minutes. Mon avion part dans une heure et je n'ai pas encore fait ma valise.

10. Il fait trop foncé dans cette pièce pour pouvoir y travailler agréablement.

11. Je viens d'apprendre que vous fumez plus et je regrette infiniment de vous avoir offert une cartouche de cigarettes pour votre anniversaire.

12. Vous vous rendez compte? A dix ans, il ne peut pas encore nager! Il est grand temps qu'on le jette à l'eau.

13. Je haïs le dimanche. Je m'ennuie tellement que j'ai hâte de retrouver mes collègues et mon petit café bien servi.

14. Si vous sortez ce soir, je vous prie de prendre la clé et de ne pas réveiller tout le quartier.

15. Toutes les difficultés que vous rencontrerez au cours de cet ouvrage disparaîtront après et après.

Lösung 73

1. Vu l'importance de ces négociations, la plupart des journalistes **tenaient** à prendre part à la conférence de presse qui suivait. **43**

2. Essayez de le prendre avec diplomatie! Le menacer **d'**un couteau ou **d'**un pistolet, ne vous servira à rien; il n'est pas de ceux qui cèdent. **107**

3. Nous **avons failli** écraser un cycliste. La moindre hésitation lui aurait coûté la vie. **48**

4. Auriez-vous **au moins** le temps de répondre à sa dernière lettre? **124**

5. Ils m'ont demandé si **j'étais** né en France ou en Espagne. J'ai répondu que j'étais né en Afrique. **26**

6. Il ne vous a pas demandé l'impossible, tout de même. Un simple télégramme et il vous aurait envoyé son chauffeur pour vous chercher.

7. J'avoue que votre comportement, ces derniers temps, laisse à désirer. Vos retards, non plus, ne sont pas **à** mon goût. **123**

8. Il a tellement empoisonné son entourage que l'on a fini par le congédier. A présent, il est là **sans** travail et **sans** argent. **18**

9. Je **ne** puis malheureusement vous accorder **que** dix minutes. Mon avion part dans une heure et je n'ai pas encore fait ma valise. **29**

10. Il fait trop **sombre** dans cette pièce pour pouvoir y travailler agréablement. **60**

11. Je viens d'apprendre que vous **ne** fumez plus et je regrette infiniment de vous avoir offert une cartouche de cigarettes pour votre anniversaire. **8**

12. Vous vous rendez compte? A dix ans, il ne **sait** pas encore nager! Il est grand temps qu'on le jette à l'eau. **64**

13. Je **hais** le dimanche. Je m'ennuie tellement que j'ai hâte de retrouver mes collègues et mon petit café bien servi. **71**

14. Si vous sortez ce soir, je vous prie de prendre la clé et de ne pas réveiller tout le quartier.

15. Toutes les difficultés que vous rencontrerez au cours de cet ouvrage disparaîtront **au fur et à mesure**. **77**

Übung 74

1. C'est sa nature; il méfie tout le monde et exige qu'on le fie. Comment voulez-vous que l'on éprouve du plaisir à traiter avec lui?

2. Ils y avaient cinq journalistes qui se sont donné toute la peine du monde pour lui tirer un mot de la bouche, mais en vain.

3. Il est temps que tu te prépares pour chercher Nicole à la gare. Il fait déjà nuit et il ne faut pas la laisser attendre.

4. Parfois, j'ai l'impression qu'il me tient pour un millionnaire. Il ne manque aucune occasion de m'emprunter de l'argent.

5. Vous n'avez pas l'air bien gai, ce matin? Que se passe-t-il? Avez-vous mal dormi ou vous êtes-vous mal réveillé?

6. Ne toi couche pas trop tard, si tu veux être en forme demain matin! La journée va être longue et surchargée.

7. Je ne pense pas que le facteur soit déjà passé. Ce que vous avez là, sur le bureau, c'est la poste d'hier.

8. Pour moi, vous parlez anglais aussi bien comme votre frère. Par contre, lui, il parle espagnol mieux que vous.

9. Vous n'allez tout de même pas me laisser taper cette lettre encore une fois. Je n'en peux plus.

10. Entre les élèves du cours intensif, il y en a deux qui sont à même de traduire ce genre de texte.

11. Sois un peu plus indulgent avec tes enfants! Montre-leur que tu es là pour eux et ils finiront par comprendre qu'ils doivent également être là pour toi.

12. Nous n'habitons plus près la gare. La nuit, on n'arrivait pas à dormir avec ce va-et-vient perpétuel.

13. Il prétend avoir vivé ses plus belles années au Sahara. Je me demande ce qu'il a bien pu faire pour ne pas s'ennuyer.

14. Vous au moins, vous n'avez pas froid aux yeux. Au contraire de votre supérieur, vos revendications sont dignes d'intérêt.

15. A vous entendre parler de lui, on n'hésitera pas à croire que vous êtes amoureuse.

Lösung 74

1. C'est sa nature; il **se** méfie **de** tout le monde et exige qu'on **se fie à lui.** Comment voulez-vous que l'on éprouve du plaisir à traiter avec lui? **106**

2. **Il y avait** cinq journalistes qui se sont donné toute la peine du monde pour lui tirer un mot de la bouche, mais en vain. **44**

3. Il est temps que tu te prépares pour **aller chercher** Nicole à la gare. Il fait déjà nuit et il ne faut pas la laisser attendre. **105**

4. Parfois, j'ai l'impression qu'il me **prend** pour un millionnaire. Il ne manque aucune occasion de m'emprunter de l'argent. **104**

5. Vous n'avez pas l'air bien gai, ce matin? Que se passe-t-il? Avez-vous mal dormi ou vous êtes-vous mal réveillé?

6. Ne **te** couche pas trop tard, si tu veux être en forme demain matin! La journée va être longue et surchargée. **27**

7. Je ne pense pas que le facteur soit déjà passé. Ce que vous avez là, sur le bureau, c'est le **courrier** d'hier. **103**

8. Pour moi, vous parlez anglais aussi bien **que** votre frère. Par contre, lui, il parle espagnol mieux que vous. **19**

9. Vous n'allez tout de même pas me **faire** taper cette lettre encore une fois. Je n'en peux plus. **61**

10. **Parmi** les élèves du cours intensif, il y en a deux qui sont à même de traduire ce genre de texte. **62**

11. Sois un peu plus indulgent avec tes enfants! Montre-leur que tu es là pour eux et ils finiront par comprendre qu'ils doivent également être là pour toi.

12. Nous n'habitons plus près **de la** gare. La nuit, on n'arrivait pas à dormir avec ce va-et-vient perpétuel. **9**

13. Il prétend avoir **vécu** ses plus belles années au Sahara. Je me demande ce qu'il a bien pu faire pour ne pas s'ennuyer. **72**

14. Vous au moins, vous n'avez pas froid aux yeux. **Contrairement à** votre supérieur, vos revendications sont dignes d'intérêt. **76**

15. A vous entendre parler de lui, on n'hésitera pas à croire que vous êtes amoureuse.

Übung 75

1. Je dois avoir quelques cent cinquante livres de littérature et une centaine de livres de mathématiques.

2. Il est arrivé depuis à peine dix minutes et il commence déjà à s'impatienter.

3. Je ne supporte plus ni l'alcool, ni les cigarettes. Désormais, j'ai décidé de mener une vie tranquille et saine.

4. Veuillez trouver ci-jointes les factures pro forma ainsi que la traite à vue que nous vous prions de nous retourner dûment signée.

5. Il m'a fait venir trois fois après l'autre, uniquement pour me dire qu'il me trouvait sympathique.

6. Moi, j'abandonne; voilà vingt minutes que j'essaie de l'apporter à la raison, en vain. Il est entêté comme un mulet.

7. Aucun de mes amis ne m'a déçu. Ils sont tout venus pour fêter avec nous nos noces d'argent.

8. Je vais demander à ma sœur de te prêter sa livre de grammaire. Peut-être sera-t-elle même prête à t'expliquer certaines règles.

9. Dorénavant, je tâcherai de répondre à toutes mes lettres le jour même de leur réception.

10. Vous, qui prétendez avoir l'oreille musicale; savez-vous jouer au piano?

11. Si vous me prédites l'avenir, je vous promets de vous offrir en échange ma petite maison de campagne.

12. Toutes les expériences qu'il a acquéries ne lui ont servi à rien. Il se comporte toujours de la même façon.

13. Ces derniers temps, j'ai constamment mal à la tête. Je crois que c'est dû au mauvais temps.

14. C'est vous qui lui avez adressé un chèque non signé, par conséquence, c'est à vous de vous en excuser.

15. J'attends que l'eau bouille pour vous faire un café. Ça vous fera du bien.

Lösung 75

1. Je dois avoir **quelque** cent cinquante livres de littérature et une centaine de livres de mathématiques. **47**

2. **Il y a** à peine dix minutes qu'il est arrivé et il commence déjà à s'impatienter. **46**

3. Je ne supporte plus ni l'alcool, ni les cigarettes. Désormais, j'ai décidé de mener une vie tranquille et saine.

4. Veuillez trouver **ci-joint** les factures pro forma ainsi que la traite à vue que nous vous prions de nous retourner dûment signée. **45**

5. Il m'a fait venir trois fois **de suite**, uniquement pour me dire qu'il me trouvait sympathique. **147**

6. Moi, j'abandonne; voilà vingt minutes que j'essaie de lui **faire entendre raison**, en vain. Il est entêté comme un mulet. **148**

7. Aucun de mes amis ne m'a déçu. Ils sont **tous** venus pour fêter avec nous nos noces d'argent. **28**

8. Je vais demander à ma sœur de te prêter **son** livre de grammaire. Peut-être sera-t-elle même prête à t'expliquer certaines règles. **20**

9. Dorénavant, je tâcherai de répondre à toutes mes lettres le jour même de leur réception.

10. Vous, qui prétendez avoir l'oreille musicale; savez-vous jouer **du** piano? **63**

11. Si vous me **prédisez** l'avenir, je vous promets de vous offrir en échange ma petite maison de campagne. **74**

12. Toutes les expériences qu'il a **acquises** ne lui ont servi à rien. Il se comporte toujours de la même façon. **73**

13. Ces derniers temps, j'ai constamment mal à la tête. Je crois que c'est dû au mauvais temps.

14. C'est vous qui lui avez adressé un chèque non signé, par **conséquent**, c'est à vous de vous en excuser. **126**

15. J'attends que l'eau bouille pour vous faire un café. Ça vous fera du bien.

— *Les gens ne se rendent pas compte, mais ce sera la disparition de la Pensée, je veux dire que tout le monde pensera, dira, la même chose...*

— *Alors je dis non. Non ! Une société où tout le monde penserait et dirait la même chose, non.*

— *Je ne sais pas comment t'expliquer. En bref, ce sera la mort de la Pensée... C'est-à-dire que tout le monde pensera la même chose...*

— *En tant qu'Individualiste — l'individualisme a toujours été ma règle de vie — l'idée que la Pensée sera morte, je veux dire uniforme, me révolte.*

— J'espère que vous ne verrez pas ça. Moi, en tout cas, je ne le verrai pas. Heureusement. Car un monde où tout le monde pensera la même chose, moi je n'aime pas ça !

— L'idée, la Pensée n'existeront plus. Je veux dire que l'Individu ayant disparu, les gens répéteront tous la même chose...

— Tu te rends compte de ce que ça donnera ! Des gens incapables de penser par eux-mêmes, pensant tous pareil, disant les mêmes trucs !

— Alors je dis « Halte-là ! » Un monde où la liberté de penser aura disparu, où tout le monde pensera et dira les mêmes choses... Non. Je n'en veux pas.

Anhang

1 Cet, vieil, nouvel vor einem männlichen Hauptwort, das mit einem Vokal oder einem h muet beginnt: cet hôtel, un vieil ami, un nouvel an.

2 Du (Genetiv): Le livre du maître est très vieux.
Du (Teilungsartikel): Je préfère du thé.

3 Pas de (Teilungsartikel): Je ne prends pas de thé. (keinen Tee)
Pas de (unbestimmter Artikel): Je n'ai pas de garage. (keine Garage)

4 Chez nur bei Personen: Je travaille chez un Italien.
Dagegen à, au, à la, à l' bei Sachen: Je travaille au café du coin. Je vais à la gare.

5 Im Unterschied zur deutschen Ausdrucksweise: Ich bin es, der als Letzter gekommen ist, sagt der Franzose: C'est moi qui suis venu le premier. C'est vous qui êtes en retard.

6 De bei einer Menge von...: un kilo de pommes, beaucoup de travail, une caisse d'oranges.
Exception: plusieurs!
J'ai plusieurs livres de grammaire.

7 Das Personalpronomen leur (Dativ) wird in der Schreibweise oft mit dem Besitzanzeiger verwechselt.
Unterscheide:
Ce sont leurs livres. (ihre Bücher)
Je leur dois cent francs. (ich schulde ihnen)

8 Ne... pas, ne... rien, ne... jamais, ne... plus:
Je ne fume plus. Je ne veux rien. Je ne fume jamais.

9 Loin de l', près du: J'habite loin de l'Opéra, mais près du théâtre.

10 Du, de la, de l', des (Teilungsartikel), en (Teilungspronomen):
Je lui ai offert du vin rouge, mais il n'en voulait pas.

11 Moi, toi, lui, elle, nous, vous, eux, elles:

a) zur Betonung:
C'est moi qui suis Espagnol.
C'est elle qui a commencé.

b) nach dem Komparativ:
   Pierre est plus grand qu'eux. (als sie)
   Il parle Français aussi bien que toi.

   c) nach einer Präposition:
   Je vais avec lui.
   Il travaille pour eux.

   d) beim Imperativ (gültig nur für moi et toi)
   forme affirmative: Regarde-toi dans la glace!
   Donnez-moi ce livre!

   Attention!
   forme négative: Ne te regarde pas dans la glace!
   Ne me donnez pas ce livre!

12 Celui, ceux, celle, celles sind die Pronominalformen von ce, cette, cet, ces:
Voulez-vous cette table? – Non, je préfère celle-là.
Prenez-vous ces verres? – Non, je prendrai ceux-là.

13 Avoir besoin de (unbestimmt):
J'ai besoin de clous et d'un marteau.   Ich brauche Nägel und einen Hammer.
Avoir besoin du, de la, de l', des, de ce, de ces . . . (bestimmt):
J'ai besoin du couteau.   Ich brauche das Messer.
J'ai besoin de ces feuilles.   Ich brauche diese Blätter.

14 Meilleur(e) (Adjektiv) ist die Steigerung von bon(ne):
Ce fromage est meilleur que l'autre.
Mieux (Adverb) ist die Steigerung von bien:
Il sait conduire mieux que vous.
Pire (Adjektiv) ist das Gegenteil von meilleur, pis (Adverb), ist das Gegenteil von mieux:
Ce fromage est pire que l'autre.
Il sait conduire pis que vous.

15 Außer bei premier(ère) ($1^{er/ère}$) wird das Datum mit einer Grundzahl und nicht mit einer Ordnungszahl gebildet:
Aujourd'hui, c'est le premier mai.
Je viendrai vous voir vers le cinq avril.
P.S. Die Monate werden klein geschrieben.

16 (Moi) aussi, (moi) non plus:
Si vous acceptez son invitation, je l'accepterai aussi.
Si vous ne l'acceptez pas, je ne l'accepterai pas non plus.

17 Der Gebrauch von y und en als Pronominaladverbien:
y (ohne Bewegung – dort):
Vous restez à la maison, ce soir? – Oui, j'y reste.
Elle est déjà dans son bureau? – Oui, elle y est.
y (mit Bewegung – dorthin):
Vous allez souvent au cinéma? – Oui, j'y vais une fois par semaine.

en (mit Bewegung – von daher):
Vous venez manger avec nous au restaurant chinois? – Non, merci, j'en reviens.

18 Im Gegensatz zu avec steht sans ohne Teilungsartikel:
Je prends mon café avec du sucre, mais sans crème.

19 Die Vergleichsform wird nur mit que gebildet:
Il est plus grand que vous. (als Sie)
Il est moins riche que son voisin. (als sein Nachbar)
Il est aussi blond que sa mère. (wie seine Mutter)

20 Son, sa, ses, adjectifs possessifs (Besitzanzeiger).
Der Besitzanzeiger richtet sich in Geschlecht und Zahl nur nach dem Besitzobjekt:

C'est le mouchoir de Pierre? – Oui, c'est son mouchoir.
C'est le mouchoir de Cathie? – Oui, c'est son mouchoir.
C'est la sœur de Pierre? – Oui, c'est sa sœur.
C'est la sœur de Cathie? – Oui, c'est sa sœur.
Ce sont les enfants du concierge? – Oui, ce sont ses enfants.
Ce sont les enfants de la concierge? – Oui, ce sont ses enfants.

21 Indirekte Rede: Qu'est-ce que vous faites?
Je vous demande ce que vous faites.
Je voudrais savoir ce que vous faites.
Dites-moi ce que vous faites.

22 Plus de (vor einem Substantiv) = mehr als eine bestimmte Menge:
J'ai plus de livres que vous. (mehr Bücher als . . .)
Il a plus de temps que vous ne pensez. (mehr Zeit als . . .)

23 Ne pas, ne plus, ne jamais, ne rien bilden einen Block vor dem Infinitiv:
J'ai pris un taxi pour ne pas arriver en retard.
Je lui ai demandé de ne plus fumer.
Je l'ai prié de ne jamais en parler.
Je vous prie de ne rien dire.

24 La place des pronoms. Die Personalpronomina stehen stets unmittelbar vor dem Verb.
Dativ: Je lui donne – im Unterschied zu: Ich gebe ihm.
Akkusativ: Je le vois – im Unterschied zu: Ich sehe ihn.

sujet	nég.	compl. ind.	comp. dir.	compl. ind.	y en verbe pas
je	ne	me			y en verbe pas
tu	ne	te			y en verbe pas
il	ne	se	le	lui	y en verbe pas
elle	ne	se	la	lui	y en verbe pas
nous	ne	nous			y en verbe pas
vous	ne	vous			y en verbe pas
ils	ne	se	les	leur	y en verbe pas
elles	ne	se	les	leur	y en verbe pas

Je le vois. – Je ne le vois pas.
Je l'ai vu(e). – Je ne l'ai pas vu(e).
Il me le montre. – Il ne me le montre pas.
Il me l'a montré. – Il ne me l'a pas montré.
Il le lui montre. – Il ne le lui montre pas.
Il le lui a montré. – Il ne le lui a pas montré.
Je l'y conduirai. – Je ne l'y conduirai pas.
Je l'y ai conduit. – Je ne l'y ai pas conduit.
Je l'en remercie. – Je ne l'en remercie pas.
Je l'en ai remercié. – Je ne l'en ai pas remercié.
Je lui en donne. – Je ne lui en donne pas.
Je lui en ai donné. – Je ne lui en ai pas donné.

Attention! Das Personalpronomen steht stets vor einem Infinitiv (hier sind vouloir, devoir ... Hilfsverben):
Je veux le voir. – Je ne veux pas le voir.
J'ai voulu le voir. – Je n'ai pas voulu le voir.
Il doit me le donner. – Il ne doit pas me le donner.
Il a dû me le donner. – Il n'a pas dû me le donner.
Il peut le lui montrer. – Il ne peut pas le lui montrer.
Il a pu le lui montrer. – Il n'a pas pu le lui montrer.
Il veut l'y accompagner. – Il ne veut pas l'y accompagner.
Il a voulu l'y accompagner. – Il n'a pas voulu l'y accompagner.

25 Accord des participes passé avec auxiliaire avoir.
Geht dem Partizip ein direktes Objekt (object direct) voraus, so richtet es sich im Geschlecht und Zahl nach diesem:
Où avez-vous pris ces photos? – Je les ai prises au bord de la Seine.

Où avez-vous connu Mlle Dupont? – Je l'ai connue à Bordeaux.
Regarde la belle voiture qu'il a achetée.

Das Partizip Perfekt der Verben coûter, valoir, mesurer, peser...
wird nur verändert, wenn es im übertragenen Sinne angewandt
wird.

Unterschiede: Cette maison coûte trois fois la somme qu'elle a
coûté il y a deux ans. (wieviel) Je suis heureux, malgré les efforts
que ce travail m'a coûtés. (was) Les cinq années que j'ai vécu
en France... (wie lange) La terrible guerre que nous avons
vécue. (was)

26 Concordance des temps.
Wenn die indirekte Rede durch ein Verb in der Vergangenheitsform bestimmt wird, dann wird das présent durch imparfait ersetzt (siehe auch **39**):
Vous allez au cinéma ce soir? (présent)
Je vous ai demandé si vous alliez au cinéma ce soir. (imparfait)
J'ai voulu savoir si vous alliez au cinéma ce soir. (imparfait)
Je vous ai prié de me dire si vous alliez au cinéma ce soir. (imparfait)

27 Die Befehlsform der rückbezüglichen Verben:
Rendez-moi mon stylo! – Ne me rendez pas mon stylo!
Lave-toi! – Ne te lave pas avec cette eau!

28 Tout, toute, tous, toutes.
  a) tout: J'ai mangé tout le gâteau. (den ganzen Kuchen)
     toute: J'ai travaillé toute la journée. (den ganzen Tag)
     tous: Tous les élèves étaient présents. (alle Schüler)
     toutes: Je voudrais voir toutes les photos. (alle Bilder)
  b) tous: (pronom): Ils sont tous venus. Sie sind alle gekommen.
     toutes: (pronom): Elles sont toutes venues. Sie sind alle gekommen.
  c) tout: Il est tout heureux. Er ist ganz (vollkommen) glücklich.
              Elle est tout heureuse. Sie ist ganz (vollkommen) glücklich.
     tout: Ils étaient tout contents. Sie waren ganz froh.
     toute: Elle est toute fière. Sie ist ganz stolz.
              (Die feminine Form wird deshalb gebraucht, weil das Adjektiv nach toute mit einem Konsonanten beginnt.)

toutes: Elles étaient toutes contentes. Sie waren ganz (oder alle) glücklich.

d) Tout homme est mortel. Jeder Mensch ist sterblich.
Il vous aidera de toute façon. Er wird Ihnen auf jeden Fall helfen.

29 Ne ... que = seulement:
Je n'ai que 10 minutes. Ich habe nur 10 Minuten Zeit.
Je ne veux que ce vin. Nur diesen Wein will ich.

30 Im Unterschied zur deutschen Sprache werden alle rückbezüglichen Verben mit «auxiliaire être» konjugiert: Je me suis lavé à l'eau froide.

31 Der Subjonctif wird von der 3. Person Plural (présent) abgeleitet; zum Beispiel bei finir von ils finiss(ent):

que je finisse   que nous finissions
que tu finisses   que vous finissiez
qu'il (elle) finisse   qu'ils (elles) finissent

Nachstehende Verben folgen nicht dieser Regel:

aller	que j'aille	que vous alliez
avoir	que j'aie	que vous ayez
être	que je sois	que vous soyez
faire	que je fasse	que vous fassiez
pouvoir	que je puisse	que vous puissiez
savoir	que je sache	que vous sachiez
valoir	que je vaille	que vous valiez
vouloir	que je veuille	que vous vouliez
falloir	qu'il faille	(il faut: impersonnel)

32 Conditionnel.
Im Französischen wird der Hauptsatz im Conditionnel I beziehungsweise im Conditionnel II gebildet, während der Bedingungssatz (si) im imparfait beziehungsweise plus-que-parfait gebildet wird.
Si j'avais de l'argent, j'achèterais une voiture.
Si-Satz: imparfait, Hauptsatz: conditionnel I
Je serais venu plus tôt, si j'avais trouvé un taxi.
Hauptsatz: conditionnel II, Si-Satz: plus-que-parfait

33 Ne ... ni ... ni ...:
Je ne prends ni café ni thé au le petit déjeuner.
Ni vous ni moi ne devons accepter cette proposition.

34 Le nôtre, le vôtre erhalten einen accent circonflexe.

35 Die Stellung des Adjektivs.
   a) Kurze oder alltägliche Adjektive werden meist vorangestellt: un jeune homme, une petite fille
   b) Gefühlsbetont gebrauchte Adjektive werden ebenfalls vorangestellt:
      une effroyable histoire, une énorme foule
   c) Adjektive, die mit den Sinnen wahrnehmbare Eigenschaften bezeichnen, werden meist nachgestellt: une cravate rouge, verte (Farben), une table ronde, rectangulaire (Formen), un vent sec, froid (Gefühl)
   d) Adjektive, die Konfession, Nationalität und ähnliches bezeichnen, werden ebenfalls nachgestellt: une église catholique, un pays socialiste, un fromage français
   e) Auch mehrsilbige Adjektive, die sich auf kürzere Substantive beziehen, sowie Adjektive mit Beifügung werden nachgestellt: une vie merveilleuse, un jardin grand comme la main

   Attention!

   des vêtements propres (sauber) – des propres vêtements (eigene)
   un ancien château (ehemalig) – un château ancien (alt)
   un nouveau livre (anderes) – un livre nouveau (neu)
   un homme pauvre (arm) – un pauvre homme (bedauernswert)

   f) Partizipien, die wie Adjektive gebraucht werden, werden nachgestellt (un vieux château abandonné)

36 Inversion du sujet.
   Nach Adjektiven oder Fragepronomina folgt eine Inversion:
   Pourquoi ne vous rend-il pas votre livre?
   Quand Mlle Michel a-t-elle voulu partir?
   Lequel des deux prenez-vous?

37 Ein Satz, in dem das Subjekt wiederholt wird, wirkt schwerfällig.
   Anstelle von:
   Il prétend qu'il a fini cette traduction en une demi-heure,
   sagt man:
   Il prétend avoir fini cette traduction en une demi-heure.

38 Le futur antérieur.
   Handlungen, die vor einer anderen, zukünftigen Handlung ab-

geschlossen sein werden, stehen im Futur antérieur:
Quand vous aurez terminé cette lettre, vous me l'apporterez.

39 Concordance des temps.
Wenn die indirekte Rede durch ein Verb in der Vergangenheitsform bestimmt wird, dann wird das Futur durch conditionnel ersetzt.
Vous ferez ce travail tout seul? (futur)
Je vous ai demandé si vous feriez ce travail tout seul. (conditionnel)
J'ai voulu savoir si vous feriez ce travail tout seul. (conditionnel).

40 Imparfait et passé simple.
Das imparfait hat nur den Ablauf eines Vorgangs oder einer Handlung im Auge, ohne Rücksicht auf Anfang und Ende. Das passé simple stellt einen Vorgang oder eine Handlung dar, von Anfang bis Ende.
Das imparfait beschreibt: «was (schon) war»
Das passé simple berichtet: «was (da, dann) geschah»
Unterscheide:

1. A dix heures, il faisait encore nuit.
   (immer)

   A dix heures il commença à neiger.
   (neu / plötzlich eintretend)

2. Les négociations duraient toujours.
   C'était Louis XIV qui régnait en 1681.
   (Verlauf, unbegrenzte Dauer)

   Les négociations durèrent un mois.
   Louis XIV régna de 1642 à 1715.
   (begrenzte Dauer, abgeschlossen)

3. Pendant qu'il regardait la télévision, sa femme tricotait et les enfants jouaient sur le tapis.
   (gleichzeitige, unbegrenzte Handlungen)

   Il décrocha l'appareil, sa femme prit le pistolet du tiroir ouvert, mais le bandit sauta par la fenêtre.
   (gleichzeitige, begrenzte Handlungen)

41 Le subjonctif.
Der subjonctif ist so umfangreich, daß hier nur ein Bruchteil der wichtigen Regeln erwähnt werden kann.

a) Der subjonctif steht nach Verben der Willensäußerung und des wertenden Urteils (Befehl, Wunsch, Verbot, Erlaubnis, Billigung):

Le médecin défend qu'il fume.
b) nach einigen unpersönlichen Verben und Ausdrücken:
Il est absurde qu'il parte sans lui dire adieu.
c) nach Ausdrücken der Gemütsbewegung (Freude, Erstaunen, Scham, Sorge, Bedauern):
Je suis étonné qu'il soit venu avec elle.
d) meist nach Verben oder Ausdrücken der Verneinung, des Zweifels, der Unsicherheit:
Je ne crois pas qu'elle soit malade.

42 Veränderlichkeit des Partizips Perfekt der reflexiven Verben:
a) Elle s'est lavée. (se = Akkusativ)
b) Elle s'est lavé les cheveux. (se = Dativ)
c) Elles se sont regardées (se = Akkusativ – regarder quelqu'un), se sont souri (se = Dativ – sourire à quelqu'un) et se sont promis (se = Dativ – promettre à quelqu'un) de ne plus se disputer.

43 Ist das Subjekt ein Kollektivausdruck, so steht das Verb im Plural, wenn Einzelwesen oder Einzeldinge gemeint sind:
La plupart des invités étaient partis avant minuit.
(im Deutschen: die Mehrheit war)
Un grand nombre de touristes préfèrent visiter le Louvre.
(im Deutschen: zieht vor)

44 Im Unterschied zum Deutschen stimmt das Verb in der Zahl stets mit dem einleitenden grammatischen Subjekt überein (il):
Il y avait quelques personnes que je ne connaissais pas.
(im Deutschen: es waren)

45 Y compris, y inclus ci-joint ... werden nur auf das Objekt bezogen, wenn sie danach stehen.

Unterscheide:

Notre prix s'entend départ fabrique, y compris votre commission.
Notre prix s'entend départ fabrique, votre commission y comprise.

46 Il y a, depuis

Unterscheide:

Il est arrivé, il y a une heure. (vor einer Stunde)
Il vous attend, depuis une heure. (seit ein Uhr / einer Stunde)

47 Quelque im Sinne von etwa bleibt im Singular.

Unterscheide:

Il y avait quelques personnes que je ne connaissais pas. (einige Leute)
Il y avait quelque cent cinquante personnes. (etwa einhundertfünfzig Leute)

48 Faillir mit dem infinitif entspricht dem deutschen beinahe/fast:

J'ai failli manquer le dernier bus.
Il faillit partir sans nous. (passé simple)

49 Trop, beaucoup trop, autant:

J'ai trop de travail. (viel)
J'ai beaucoup trop de travail. (viel zuviel)
J'ai autant de travail que vous. (genausoviel)

50 À steht vor einem Städtenamen:

Je vis à Paris.
Je vais à Berlin.
Au steht vor einem männlichen Ländernamen. Männlich sind alle Länder, die nicht mit einem «e» enden: le Canada, Le Pérou, le Portugal (aber le Mexique).
Je vis au Japon.
Je vais au Brésil.
En steht vor einem weiblichen Ländernamen. Weiblich sind alle Länder, die mit einem «e» enden: la France, l'Italie, l'Allemagne, la Suède.
Il vit en Grèce.
Il va en Espagne.
En steht ebenfalls vor einem Land, das mit einem Vokal beginnt, auch wenn es nicht mit einem «e» endet:
Il vit en Israël.
Il va en Irlande.
Aux steht vor Ländernamen, die im Plural stehen: les Etats-Unis, les Antilles.
Il vit aux Etats-Unis.
Il va aux Iles Canaries.

51 Les pronoms y et en.
Y steht als Pronom für eine Sache und ersetzt à: Vous penserez à mes livres, n'est-ce pas? – Oui, j'y penserai.
En steht als Pronom für eine Sache und ersetzt de:
Vous parlez du film qui passe au Rialto? – Oui, nous en parlons.

Attention!

Y und en ersetzen nie Personen:

Vous pensez à votre frère? – Oui, je pense à lui.

Vous parlez de vos amis français? – Oui, nous parlons d'eux.

52 Chaque, chacun, aucun.

Unterscheide:

Chaque élève recevra un livre de grammaire. (adjektivisch)

Aucun des élèves ne recevra un livre de grammaire. (substantivisch)

Chacun pour soi, Dieu pour tous.

53 Moi, toi, lui ... eux stehen in Beziehung zu einem bestimmten Subjekt:

Pierre ne pense qu'à lui.

Ces enfants ne pensent qu'à eux-mêmes. (verstärkt)

Soi steht in Beziehung zu einem unbestimmten Subjekt:

Tout le monde ne pense qu'à soi.

On n'est jamais si bien servi que par soi-même. (verstärkt)

54 En / dans.

Unterscheide:

Il veut faire cette traduction dans une heure. (in einer Stunde beginnt er)

Il veut faire cette traduction en une heure. (innerhalb einer Stunde)

55 Ein abgeleitetes Adverb wird gebildet, indem an die Endung ment an die weibliche Form des Adjektivs hängt:

heureux – heureuse – heureusement
parfait – parfaite – parfaitement

Attention!

Die meisten Adjektive auf ant bilden Adverbien auf amment, die Adjektive auf ent haben Adverbien auf emment:

suffisant – suffisamment
élégant – élégamment
prudent – prudemment

56 Sieben Substantive mit ail bilden ihr Plural mit aux:

le bail   = Miet(Pacht-)vertrag
le corail = Koralle
l'émail   = Emaille

le travail = Arbeit
le vantail = Tür(Fenster-)flügel
le vitrail = Kirchenfenster
le soupirail = Kellerfenster (Kellerlichtschacht)

57 Gelingen = réussir à: J'ai réussi à terminer cette traduction en deux heures.

58 Pleuvoir (regnen) wird oft mit pleurer (weinen) verwechselt.

59 Mi/milieu.

Unterscheide:

Je prendrai ces places, au milieu de la salle. (mitten im Saal)
J'arriverai vers la mi-janvier. (Mitte Januar)

60 Sombre/foncé.

Unterscheide:

Ouvrez les fenêtres, il fait trop sombre! (Licht)
Je trouve ce vert trop foncé. (Farbe)

61 Faire/laisser.

Unterscheide:

Faites entrer ces messieurs! (im Sinne von veranlassen)
Laissez entrer ces messieurs! (im Sinne von nicht behindern)
Il m'a fait venir à son bureau. (er hat mich kommen lassen; er bemühte mich)

62 Parmi/entre.

Unterscheide:

Y a-t-il quelqu'un parmi vous qui parle Français? (unter Ihnen)
Il était assis entre nous. (zwischen uns)

63 Jouer du/jouer au.

Unterscheide:

Il sait jouer du piano et de la guitare. (Instrument)
Il sait jouer au bridge et au tennis. (Spiel)

64 Pouvoir/savoir.

Unterscheide:

Il ne sait pas nager. (er hat es nicht gelernt)
Il ne peut pas nager. (seine Arme liegen in Gips)
Il sait parler trois langues. (er hat sie gelernt)
Il ne peut pas parler en sa présence. (in ihrer Gegenwart kann er nicht)

65 Der Unterschied zwischen comme und comment.
Comment = wie, auf welche Art und Weise:

Comment allez-vous, aujourd'hui?
Comment voulez-vous que je fasse? (wie soll ich machen?)
Comme steht

a) in Vergleichssätzen ohne hinweisendes Wort:
Je ne peux pas travailler comme vous.

b) in Ausrufsätzen:
Comme il est beau, ce petit garçon!
Comme je suis heureux de vous voir ici!

66 Prêter/emprunter.
Unterscheide:

Il m'a prêté trois livres.   Er hat mir drei Bücher geliehen.
Il m'a emprunté trois livres.   Er hat von mir drei Bücher ausgeliehen.

67 Empfang (Feier) = réception: Je l'ai rencontré à la réception qui a eu lieu au Bourget.
Die Art und Weise eines Empfangs = accueil: Ils m'ont réservé un accueil cordial.

68 Souhaiter/désirer.
Unterscheide:

Je souhaite que vous arriviez à temps.   Ich wünsche Ihnen, daß Sie rechtzeitig ankommen.
Je désire que vous arriviez à temps.   Ich möchte, daß Sie rechtzeitig ankommen.

69 S'en aller wird genau wie das Verb aller konjugiert:
Je vais.   Je m'en vais.
Il est allé.   Il s'en est allé.

70 Heute abend   = ce soir
Heute früh (morgen) = ce matin

71 Siehe das Verb haïr in allen Formen und Zeiten.

72 Siehe das Verb vivre in allen Formen und Zeiten.

73 Siehe das Verb acquérir in allen Formen und Zeiten.

74 Prédire, médire, contredire werden in der 2. Person Plural (vous) nicht wie dire konjugiert: Qu'est-ce que vous dites? Vous me contredisez constamment.

75 Siehe das Verb bouillir in allen Formen und Zeiten.

76 Im Gegensatz zu = contrairement à:
Contrairement à moi, ce monsieur se lève très tôt le matin.

77 Nach und nach = au fur et à mesure oder petit à petit:
Dis à Michel de remplir son assiette au fur et à mesure.
Une langue s'apprend petit à petit.

78 Je mehr ... desto ... = plus ... plus ...
Plus je bois, plus j'ai soif.

79 Nachkommen (folgen) = rejoindre:
Avancez! Je vous rejoins dans quelques minutes.

80 Es kann sein = il se peut:
Il se peut que nous soyons les premiers.

81 Unter = au-dessous:
L'appartement de Monsieur Dupont se trouve juste au-dessous du nôtre.
Attention!
Il fait dix degrés au-dessous de zéro.   Es sind zehn Grad unter Null.

82 Heiraten = épouser qn oder se marier avec qn:
Il va épouser sa voisine.
Il va se marier avec sa voisine.
Verheiraten = marier qn:
Je ne marierai ma fille qu'à un banquier.
Attention!
Je suis marié.   Ich bin verheiratet.

83 Wechseln = changer de:
Je change de chemises chaque jour.
Sich verändern = changer:
Elle a complètement changé, depuis son mariage.
Sich umziehen = se changer:
Je dois me changer pour aller à l'opéra.
Geld wechseln = faire la monnaie:
Pouvez-vous me faire la monnaie de dix francs?

84 Besuchen im Sinne von besichtigen (nie eine Person) = visiter:
Je n'ai pas encore visité le musée du Louvre.
Eine Person besuchen = aller/venir voir quelqu'un oder rendre visite à quelqu'un:
Je viendrai vous voir la semaine prochaine.

85 Fahren (schnell – langsam) = rouler.
Fahren im Sinne von steuern = conduire.
Unterscheide:
Ne lui permettez pas de rouler si vite, il ne sait pas encore bien conduire.

86 Sich scheiden lassen heißt einfach divorcer:
Elle a divorcé il y a un an.

87 In Kraft treten = entrer en vigueur:
Le traité de Varsovie est entré en vigueur.

88 Stehen bleiben = s'arrêter (und nicht rester debout):
Elle s'arrête devant toutes les vitrines.
Attention!
Je préfère rester debout. (ich möchte nicht sitzen)

89 Sich in etwas irren = se tromper de qc:
Il s'est trompé de jour.

90 Die Zukunft heißt = l'avenir:
Il faut toujours penser à l'avenir.
Dagegen ist le futur nur eine grammatische Zeitform:
Conjuguez le verbe être au futur!

91 Das Verb aller hat mehrere Bedeutungen:
  a) Je vais prendre l'avion.   Ich werde fliegen. (futur proche)
  b) Je vais au cinéma.   Ich gehe ins Kino.
  c) Cette cravate vous va bien.   Diese Krawatte steht Ihnen gut.
  d) Cette robe ne me va pas.   Dieses Kleid paßt mir (in der Größe) nicht.
  e) Je vais très bien, aujourd'hui.   Mir geht es heute sehr gut.

92 Eine Entscheidung treffen = prendre une décision:
Il faut prende une décision avant qu'il ne soit trop tard.

93 Bedauern (im Sinne von bemitleiden) = plaindre qn:
Je plains tous ceux qui ont perdu leur emploi.
Den Verlust einer Person bedauern (beklagen) = regretter qn:
On voit bien à quel point il regrette son père.
Bedauern (im Sinne von bereuen) = regretter qc:
Je regrette de ne pas vous avoir dit la vérité.
Sich beklagen (beschweren) = se plaindre:
Il s'est plaint des conditions de travail. (beschwert sich)
Contentez-vous du résultat obtenu et ne vous plaignez pas. (sich nicht beschweren)

94 Dienen als = servir de qc à qn:
Voulez-vous que je vous serve d'avocat?
Bedienen = servir qn:
Ce garçon se refuse à nous servir.

95 Bemerken, wahrnehmen = apercevoir:
Tout à coup, j'aperçus une ombre qui s'approchait.
Etwas merken = s'apercevoir de qc:
Nous nous sommes aperçu de son intention.

96 Emotional = émotif:
Il est trop émotif pour pouvoir agir autrement.

97 Überall = partout:
Je vous ai cherché partout.
Das deutsche partout (im Sinne von unbedingt) heißt absolument:
Je veux absolument que vous veniez avec nous.

98 Verpassen = manquer qc:
Il a manqué son dernier train.
Verfehlen (beim Schießen) = manquer qn:
Vous l'avez manqué d'un cheveu.
An etwas mangeln = manquer de:
Il manque de patience.
Sein Wort brechen = manquer à sa parole:
Vous savez bien que je ne manque jamais à ma parole.

99 Trotzdem, daß ... (anstelle von obwohl) wird leider auch oft im Französischen angewandt.
Obwohl = quoique oder bien que:
Je ne viendrai pas quoique vous ayez besoin de moi.

100 Zuhören, anhören = écouter:
J'aime écouter la musique classique.
Hören = entendre:
Je ne peux pas vous entendre, parlez plus haut!

101 Sich an etwas erinnern = se souvenir de qn ou de qc, se rappeler qc:
Je me souviendrai toujours de cette histoire.
Je me rappellerai toujours cette histoire.

Jemanden an etwas erinnern = rappeler qc à qn:
Voudriez-vous me rappeler votre adresse, s. v. p.?

102 Meiner Meinung nach (oft wörtlich und damit falsch übersetzt) = à mon avis:
Que devrais-je faire, à votre avis?

103 Die Post (Korrespondenz) = le courrier:
Où est le courrier d'aujourd'hui?
Die Post (das Gebäude) = la Poste:
Je dois aller à la poste pour acheter des timbres.

104 Halten für = prendre pour:
Il me prend pour un Espagnol.
Halten für = croire:
Je ne le crois pas capable d'un tel crime.

105 Jemanden oder etwas abholen = aller/venir chercher qn ou qc:
Je dois aller chercher ma valise.
Je viendrai vous chercher à six heures.

106 Jemandem trauen = se fier à qn:
Il a du mal à se fier à quelqu'un.
Jemandem mißtrauen = se méfier de qn:
Il se méfie de tous les représentants.

107 Jemandem mit etwas drohen = menacer qn de qc (außerdem steht menacer im Akkusativ):
Vous ne voulez pas la menacer de ce couteau?

108 Schweigen = se taire:
Je vous prie de vous taire.
Jemanden zum Schweigen bringen = faire taire qn:
Je vous prie de le faire taire.

109 Einmal im ... = une fois par ...
... Jahr = une fois par an.

110 Landen = atterrir (terre).
Auf dem Mond landen = alunir (lune).
Wassern = amérir oder amerrir (mer) (beide Schreibweisen möglich)

111 Ein Stück (vom Ganzen) = un morceau:
Un morceau de pain.

Ein Stück (aus einer größeren Anzahl) = une pièce:
Ces robes coûtent quarante francs pièce. (besser: chacune)

Attention!
J'habite dans un appartement de cinq-pièces.
Ich wohne in einer 5-Zimmer-Wohnung.

112 Etwas oder jemandem glauben = croire qn ou qc:
Je ne le crois pas.

An etwas oder an jemanden glauben = croire à, en qn ou à qc:
Je ne crois pas aux revenants.
Moi aussi, je crois en Dieu.

113 Sich in etwas einmischen = se mêler de qc:
Ne vous mêlez pas de mes affaires!

114 Freie Hand geben = donner carte blanche:
Mon directeur m'a donné carte blanche.

115 Die Geduld verlieren = perdre patience:
Ne le malmenez pas trop, si vous ne voulez pas qu'il perde patience.

Ungeduldig werden = s'impatienter:
Ne vous impatientez pas, Madame!

116 Von sich hören lassen = donner de ses nouvelles:
Il ne donne plus de ses nouvelles, depuis trois mois.

117 Ablehnen = refuser de:
Il a refusé mon offre.

Sich weigern = se refuser à:
Ils se sont refusés à manger.

118 Verbessern, verfeinern = améliorer:
Nous tâcherons d'améliorer la qualité.

Verbessern, korrigieren = corriger:
Je dois corriger encore trois dictées.

119 Von mir (aus), in meinem Namen = de ma part:
Dites-lui que vous venez de ma part. (von mir)
Remerciez-le de notre part. (in unserem Namen)

120 Devoir hat drei verschiedene Bedeutungen.
Unterscheide:
Je dois partir.   Ich muß gehen.
Il me doit dix francs.   Er schuldet mir zehn Francs.
Je vous dois la vie.   Ich verdanke Ihnen das Leben.

121 Um/ausziehen = déménager – wird im Gegensatz zum Deutschen mit avoir konjugiert:
Les Dupont ont déménagé depuis trois mois. (sind um/ausgezogen)

122 Unterscheide:
Je le ferai moi-même. (ich selbst)
Même-vous ne pouvez pas l'aider. (auch sie nicht)
Attention!
Aujourd'hui même = heute noch.

123 Nach meinem Geschmack = à mon goût:
Cette peinture n'est pas à mon goût.

124 Mindestens = au moins:
Il gagne au moins quatre mille francs par mois.
Zumindest = du moins:
Elle vient de faire la connaissance de l'Empereur. C'est du moins ce qu'elle prétend.

125 Es heißt zwar aller à, aber partir pour:
Il vient de partir pour Paris.

126 Infolgedessen, folglich = par conséquent:
C'est vous qui lui avez envoyé le faux paquet; par conséquent, c'est à vous de vous en excuser.
(la conséquence = die Folgerichtigkeit/Folgerung))

127 Ein Tag = un jour – ein Tag lang = une journée.
Ein Abend = un soir – einen Abend lang = une soirée.
(bonne soirée = schönen Abend!)

128 Den wievielten haben wir? = le combien sommes nous?

129 Autrefois wird sehr oft mit autrement verwechselt, dabei ist der Sinn völlig verschieden.
Damals = autrefois:
Autrefois, même les hommes portaient des perruques aux cheveux longs.
Sonst, andernfalls = autrement:
Dites-lui de prendre un taxi, autrement (sinon) il sera en retard.

130 Als wäre nichts geschehen = comme si de rien n'était (besser als: comme si rien ne s'était passé):
Il me tendit la main, comme si de rien n'était.

131 Drehen oder sich drehen um = tourner:
La terre tourne autour du soleil.

132 Glücklich (krank) machen = rendre heureux (malade ...)

133 Im Moment = pour le moment:
Je ne veux pas le voir, pour le moment.

134 Etwas erwarten, mit etwas rechnen = s'attendre à qc:
Je ne m'y attendais plus.

135 Es zieht = il y a un courant d'air.

136 Vor/nachgehen (Uhr) = avancer/retarder:
Ma montre avance/retarde de cinq minutes.
Zu früh/zu spät sein = être en avance/en retard:
Excusez-moi d'être en retard de quelques minutes.
Votre secrétaire arrive toujours en avance.

137 Sich beißen (Farben) = jurer:
Ce rouge jure avec ce bleu.

138 Hören von = entendre parler de:
Avez-vous entendu parler de ce peintre?

139 Führen = conduire, mener:
Unterscheide:
Il va nous y conduire.   Er wird uns hinführen.
Il mène une vie tranquille.   Er führt ein ruhiges Leben.

140 Etwas bereuen = se repentir de qc:
Je ne m'en repentirai jamais.

141 Ein für allemal = une (bonne) fois pour toutes.

142 An Ihrer Stelle = à votre place (oder seltener: moi de vous):
A votre place, j'en ferais autant.

143 Auch wenn (ungeachtet) = même si:
Il l'invitera même si vous êtes contre.
Auch (auf die Gefahr hin) wenn = quitte à:
Je lui dirai ce que j'en pense, quitte à le vexer.

144 Immer noch = toujours:
Le pauvre garçon a toujours faim. (immer oder immer noch)

145 Zuvor, vorher = auparavant:
Je veux bien prendre une décision, mais auparavant je voudrais connaître votre avis.

146 Unter diesen Bedingungen = dans ces conditions:
Je ne veux plus travailler dans ces conditions.
Unter der Bedingung, daß ... (vorausgesetzt) = à condition:
Je lui accorderai 20 %, à condition qu'il passe une commande plus importante.

147 Zweimal hintereinander = deux fois de suite:
Il l'a invitée trois fois de suite.

148 Zur Vernunft bringen = faire entendre raison:
Je vais lui faire entendre raison.

Französisch

Claire Bretécher/ Isabelle Jue/ Nicole Zimmermannn
Le Français avec les Frustrés *Ein Comic-Sprachhelfer*
(rororo sprachen 8423)

Ahmed Haddedou
Questions grammaticales de A à Z *Tout ce que vous avez toujours voulu savoir sur la grammaire sans jamais oser le demander*
(rororo sprachen 8445)

Robert Kleinschroth
La Conversation en s'amusant *Sprechsituationen mit Witz gemeistert*
(rororo sprachen 8873)

Robert Kleinschroth / Dieter Maupel
La Grammaire en s'amusant *Wichige Regeln zum Anlachen*
(rororo sprachen 8714)

Marie-Thérèse Pignolo / Hans-Georg Heuber
Ne mâche pas tes mots *Nimm kein Blatt vor den Mund! Französische Redewendungen und ihre deutschen Pendants*
(rororo sprachen 7472)

Jacques Soussan
Pouvez-vous Français? *Programm zum Verlernen typisch deutscher Französischfehler*
(rororo sprachen 6940)

Französisch von Anfang an. Ein Sprachkurs nah an der Umgangssprache und dem französischen Alltag.

Armelle Damblemont / Petra Preßmar
Français Un *Französisch reden und verstehen. Ein Grundkurs*
(rororo sprachen 9106)
Français Un *Toncassette Zum Auffrischen, Vertiefen und Ergänzen für mehr oder minder Sprachgewandte*
(rororo sprachen 9107)

Isabelle Jue / Nicole Zimmermann
Français Deux *Französisch reden und verstehen. Ein Aufbaukurs*
(rororo sprachen 9311)
Français Deux *Toncassette*
(rororo sprachen 9312)

rororo sprachen wird herausgegeben von Ludwig Moos. Das Gesamtverzeichnis der Reihe finden Sie in der *Rowohlt Revue*. Jedes Vierteljahr neu. Kostenlos in Ihrer Buchhandlung.

Spanisch und Italienisch

Ein Sprachkurs von Anfang an. Der Zugang zu Spanien und Lateinamerika.

Christof Kehr / Ana Rodríguez Lebrón
Español Uno *Spanisch reden und verstehen. Ein Grundkurs*
(rororo sprachen 8793)
Español Uno *Toncassette*
(rororo sprachen 8794)

Español Dos *Spanisch reden und verstehen. Ein Aufbaukurs*
(rororo sprachen 8845)
Español Dos *Der Schlüssel zu den spanischen Redewendungen*
(rororo sprachen 8846)

Dichos y Frases *Toncassette*
(rororo sprachen 9373)

Die Sprachbücher von *Senzaparole* stützen sich auf die lebendigen Erfahrungen aus dem Sprachunterricht. Anhand von Dialogen, Gesprächen und Erzählungen lernen Sie den italienischen Alltag kennen:

Senzaparole
Partire per l'Italia
Italienischkurs für Anfänger
(rororo sprachen 8795)
Partire per l'Italia *Toncassette*
(rororo sprachen 8796)

Finalmente in Italia
Italienischkurs für wenig und weiter Fortgeschrittene
(rororo sprachen 8471)
Finalmente in Italia *Toncassette*
(rororo sprachen 8472)

Hardy Brackmann / Liborio Pepi
Senza Parole *Die Körpersprache der Italiener*
(rororo sprachen 8868)

Mario Parisi / Liborio Pepi
Palavare Italiano? *Typisch deutsches Italienisch und wie man es verbessert*
(rororo sprachen 9178)

Italienisch alltagsnah und von Anfang an. Für das Lernen allein oder in der Gruppe.

Jutta J. Eckes / Franco A. M. Belgiorno
Italiano Uno *Italienisch reden und verstehen. Ein Grundkurs*
(rororo sprachen 9144)
Italiano Uno *Toncassette*
(rororo sachbuch 9145)

Jutta J. Eckes / Daniela Concialdi
Italiano Due *Italienisch reden und verstehen. Ein Aufbaukurs*
(rororo sprachen 9517)
Italiano Due *Toncassette*
(rororo sprachen 9518)

rororo sprachen